Thich Nhat Hanh

不思量的藝術

一行禪師教你以**靜的力量**安度紛擾與不安

SILENCE

The Power of Quiet in a World Full of Noise

如果我們可以給自己帶來不思考的深沉寂靜，
便能在那個寂靜中，找到美妙的光明與自由。

目錄

停下來，覺知當下，是快樂定義的一部分。
快樂不可能是在未來。
這非關信仰，而是體驗。

前言

我們周遭的世界充滿奇蹟，但我們卻花了許多時間到處去尋找快樂。能夠活著並行走在這個地球上，就是一種奇蹟，然而大多數的人卻不斷奔跑，好像有什麼更好的地方要去。日日夜夜、時時刻刻，都有美好的事物在召喚我們，可是我們很少駐足聆聽。

要能夠聽見美好事物的召喚並作出回應，我們需要的基本條件就是：靜默（silence）。如果我們的內心不靜，如果我們的頭腦和身體都充滿噪音，那麼我們就聽不到美的召喚。

我們的腦袋裡有個名為「不停思考」（Non-Stop Thinking，簡稱 NST）的廣播電台，不停地播放著各種聲音。我們的心智充滿噪音，因此聽不到生命的召喚和愛的召喚。我們的心正在召喚我們，但我們聽不到。我們沒有時間去聆聽我們的心。

正念是止息內心噪音的修習。少了正念，我們會被許多事物不斷拉扯。有時候我們會被過去的後悔與悲傷給牽引。我們重溫昔日的記憶與經驗，只是讓我們一次又一次地經歷過去的痛苦。我們很容易就陷入過去的牢籠。

我們也會被未來所牽引。一個擔憂並恐懼未來的人，就跟囿於過去的人一樣受困。對於未來的事感到焦慮、恐懼與不安，讓我們聽不到快樂的召喚。因此，未來也變成了一種牢籠。

即使我們試著活在當下，許多人仍然覺得心神不寧且感到空虛，宛如內在有個空洞。我們可能會渴求、期待、等待什麼東西的到來，好讓我們的生活變得更刺激一些。我們期盼有什麼東西將會改變情況，因為我們認為現況很無趣，平淡無奇又索然無味。

正念經常被形容為一個響鐘，提醒我們停下腳步，靜默聆聽。我們可以使用真正的鐘或任何其他信號，幫助我們記得不要受到周遭與內心的噪音所影響。當我們聽到鐘響時，就停下腳步，跟隨自己的吸氣與呼氣，騰出空間給靜默。我們對自己說：「吸氣，我知道我正在吸氣。」正念分明地吸氣與吐氣，專注於呼吸，便可以止息內心的一切噪音——對於過去、未來與渴求更多事物的喋喋不休。

只要兩、三秒的正念呼吸，我們就可以認識到一個事實，也就是我們還活著，我們正在吸氣。我們在這裡。我們存在著。內心的噪音消失了，生起一種深遠的開闊感，它如此強大、如此動人，於是我們可以回應周遭美好事物的召喚：「我在這裡。我自由自在。我聽到你了。」

「我在這裡」這句話是什麼意思？它意味著：「我存在。我真的在這裡。我沒有迷失於過去、未來、心智的思考、內在的噪音與外在的喧囂。我就在這裡。」為了真的**在這裡**，你必須拋開思考，拋開憂慮，拋開恐懼，拋開渴望。「我自由自在」則是一個強有力的聲明，因為事實上許多人一點也不自由。我們並未擁有可以讓我們聽見、看見與單純存在的自由。

一起靜默

我住在法國西南部的一處禪修道場，在那裡我們修習一種名為「聖默然」（noble silence）的靜默。這個修習很簡單。如果我們在說話，我們就在說話。如果我們正在做其他的事情，例如飲食、走路或工作，那我們就只做這些事情。我們不會一邊做這些事，一邊說話。因此，我們在充滿喜悅的「聖默然」中做這些事。以這樣的方式，我們能自由地聽到內心最深的呼喚。

有一天我們許多人，包括僧侶與信眾，一起坐在草地上用齋。我們所有人自行打齋，然後加入團體坐下來。我們採同心圓的方式坐著，小圈之外有中圈，然後是大圈。大家都沒有說話。

我是第一個坐下來的人。我坐下來修習正念呼吸，締造內心的止靜。我聽著鳥鳴，聽著風聲，享受春天之美。我並不是坐在那裡等其他人過來坐定後一起吃飯。

在其他人陸續就坐期間，我就只是享受坐在那裡約二十分鐘或更久的時間。

四周一片靜默。但我覺得尚未達到靜默可以有的深度，也許是因為打齋、走路、端盤子與坐下讓人們分了心。我靜靜坐著，看著這個情況。

我隨身帶著一個小磬，當每個人都坐定之後，我便敲響小磬。由於我們過去一週都一起練習聽到鐘聲便修習正念呼吸，所以所有人都仔細聆聽聲響。就在第一個正念的鐘聲響起之後，靜默的感覺便十分不同。那是真正的靜默，因為大家都停止思考。我們在吸氣時專注於吸入的氣息，在吐氣時專注於吐出的氣息。我們一起呼吸，我們集體的靜默創造了一個強大的能量場。這樣的靜默可以稱為「如雷貫耳的寂靜」（thundering silence），因為它是動人的且力量強大的。在這樣的靜默中，我可以更加清楚地聽到風聲鳥鳴。在此之前，我雖然也聽到了這些聲音，但方式不同，因為我還沒有達到那樣深度的靜默。

練習靜默，清除內心的各種噪音，這麼做並不困難，只要一些訓練，你便可以做到。在「聖默然」中，你可以走路，可以坐著，也可以享用你的食物。當你擁有這樣的靜默，你便擁有足夠的自由，去享受活著這件事，欣賞生命所有的奇蹟。藉由這種靜默，你將更能夠療癒自己，不論身體或心理。你有能力活著，就在這裡。因為你真的是自由的——拋開對於過去的後悔與痛苦，拋開對於未來的恐懼與不安，拋開各種心裡的叨念。當你獨自一個人時，進入這樣的靜默是好的，但與他人**一起**進入這樣的靜默會更加有力也更加療癒。

無聲之聲

靜默經常被形容成是沒有聲音的，但它其實也是一種很強大的聲音。我記得二〇一三年底的法國冬天並不太冷，但聽說北美很冷，暴風雪的次數較往年多，有時氣溫甚至會降到攝氏零下二十度以下。我看過一張尼加拉瓜大瀑布在最寒冷時的相片：瀑布停止奔騰，水再也無法奔流而下，因為它結冰了。我對那張照片印象深刻。瀑布停止了，聲音也隨之靜止了。

大約四十年前，我在泰國東北部的清邁市（Chiang Mai）參加一個為年輕人舉辦的禪修營。我住在一個靠近岩灣的茅篷裡，隨時可以聽見潺潺的流水聲。我很喜歡在水灣旁的大石上修習正念呼吸、洗衣及打盹。無論在哪裡，我都聽得到水流聲。日日夜夜，我都聽到同樣的聲音。我看著周遭的灌木與樹叢，心想：**它們從出生就聽到這樣的聲音。如果這個聲音靜止了，它們才會第一次聽到無聲，也就是寂靜**。倘若可以的話，請你想像一下，突然間，水流停止了，打從出生以來就日夜聽到水聲的這些植物，再也聽不到水聲了。想想看，它們有生以來第一次聽到無聲之聲，會是多麼驚訝！

五種眞實的聲音

菩薩（Bodhisattva）是佛教的專門術語，指具有大悲心者，以解除眾生苦難為畢生職志。其中有位名為「觀世音」（Avalokiteshvara）的菩薩，顧名思義，即善於諦聽世間的聲音者。

根據佛教傳統的說法，觀世音擁有聆聽各種聲音的能力；他也能發出五種聲音，療癒世間。如果你能找到內在的寂靜，便能聽到這五種聲音。

第一種聲音是「妙音」，正在召喚你的生命奇蹟之聲。它是鳥鳴或雨聲等等。

上帝是聲音。

造物主是聲音。

一切皆從聲音開始。

第二種聲音是「觀世音」，是聆聽的聲音，靜默的聲音。

第三種聲音是「梵音」，是超越世間的聲音。「唵」（om）這個梵音在印度宗教思想裡淵遠流長。傳統以為，「唵」這個聲音具有創造世間的力量。據說宇宙、世界與天地萬物都是由這個聲音所創造的。基督教的《約翰福音》（*Gospel of*

John）也有同樣的觀點：「太初有話，話與神同在，話就是神。」（John 1:1）根據印度最古老的經典《吠陀》（*Vedas*），創造世間的音是「唵」。在印度吠陀傳統中，這個聲音是究竟實相，或上帝。

許多現代天文學家也逐漸相信類似的事情。他們一直在尋找時間的開始及宇宙的開始，如今他們假設天地萬物是肇始於「大霹靂」（the big bang）。

第四種聲音是「海潮音」，是象徵佛陀的法音。佛陀的教法可以去除邪見，斷除煩惱，並轉化一切事物。它具有穿透力與影響力。

第五種聲音是「勝彼世間音」，是無常的聲音，提醒人們不要陷入特定的文字或聲音裡，不要太過執著。許多學者把佛陀的教法弄得太複雜，令人難以理解。但佛陀所說的法其實很平易近人，並不會使人陷入文字的迷宮中。因此，如果一個教導太複雜，它一定不是佛陀的法音。如果你聽到的說法太刺耳、誇張或迂迴，那一定不是佛陀的法音。無論你走到哪裡，都可以聽到這第五種聲音，即使在監獄裡，你也可以聽到「勝彼世間音」。

你最深的掛慮

當你能夠停止內在的一切噪音，當你能夠達到寂靜，如雷貫耳的寂靜，你就會開始聽到來自你內在最深的召喚。你的心正在呼喚你，它一直想要告訴你什麼，只是你長久以來都聽不到，因為你的內心充滿噪音。日日夜夜，你不斷受到各種事物的拉扯。你始終充滿各種想法，尤其是負面的想法。

在日常生活中，我們許多人花了大半輩子的時間在尋找各種慰藉，包括物質的慰藉與情感的慰藉，只為了要生存下去。我們稱這些事物為「日常掛慮」（daily concerns）。我們的心思被這些日常掛慮給占滿了：如何擁有足夠的金錢、食物、住所，以及其他物質的東西。我們也有情感上的掛慮：某個人是否愛我們、工作是否安定等等。我們整天都為這些問題擔憂不已。我們渴望找到一段可以長久維持下去又沒有太多麻煩的良緣。我們不斷尋找可以依靠的事物。

我們可能花了百分之九十九點九的時間在煩惱這些日常掛慮，而這是可以理解的，因為我們必須擁有可以讓自己感到安全的基本需求。然而許多人擔心過頭了，遠遠超過基本的需求。即使我們的身體安全、飲食飽足、有個可以遮風避雨的住所，並且有個幸福的家庭，但我們還是會經常感到擔心。

你以及我們多數人最深的掛慮，可能是你自己未曾察覺也未曾聽說的。我們每個人都有一個「終極的掛慮」（ultimate concern），它和物質與情感的掛慮無關。它是一種疑問：我們想要怎麼過我們的生活？我們存在這裡，但為什麼我們在這裡？我們是誰？而這些問題顯然是我們無暇（或無心）去回答的。

這些不只是哲學的問題。如果我們無法回答，就無法尋得平靜，也無法感到喜悅，因為唯有心裡平安，才有可能感到喜悅。我們許多人都覺得根本不可能回答這些問題。但透過正念，當你擁有內在的寂靜時，你將可以聽到答案。你會找到這些問題的某些解答，你會聽到來自內心最深層的召喚。

當你問「我是誰？」這個問題時（如果你有足夠的時間與定力），你可能會得到一些意想不到的答案。

你會明白你是祖先們的延續。你的父母與祖先們完全存在於你身體的每個細胞裡，你是他們的延續。你並沒有一個分別的自我。如果將祖先與父母從你身上移除，「你」將蕩然無存。

你會發現你是由各種元素所組成的，例如水。如果將水從你身上移除，「你」將蕩然無存。你是由土地所組成，如果將土地從你身上移除，「你」將蕩然無存。你是由空氣所組成，你迫切需要空氣，沒有空氣你將無法存活，如果將空氣這個元素從你身上移除，「你」將蕩然無存。還有火，以及熱與光。你知道你是由光所組成，少了陽光，地球上將沒有任何生物可以存活。如果你持續觀察，你會發現你是由太陽所組成，它是銀河系最大的星體之一。你會知道，地球與你，都是由星辰所組成。因此，你就是星辰。在清朗的夜晚，仰望天空，你會明白自己就是天上的星辰。你並非只是你以為的「你」，你並非只是那個微小的軀體。

無須向外追逐

正念為你帶來內在的空間與平靜，讓你能夠深入地觀察，找出「你是誰」與「你要怎麼過你的生活」的答案。你將不再覺得必須拚命去追逐什麼毫無意義的目標。你過去一直在追逐、尋找某樣東西，因為你認為那樣東西對你的安穩與快樂是很重要的。你逼自己去達到你以為能讓自己快樂的各種條件。你認為你現在並沒有足夠的條件可以達到快樂，因此你發展出許多人都有的習慣，也就是不斷去競逐各種東西。你說：「我現在無法覺得安穩，無法停下腳步享受當下的事物，因為我需要滿足更多的條件，才有可能感到快樂。」事實上，你正扼殺了你與生俱來的生活樂趣。生命到處充滿驚奇，包括各種美妙的聲音。如果你能活在當下，放下執念，那麼在此時此地，你就能得到快樂。你再也無須向外追逐。

正念的修行很簡單。

你停下，呼吸，讓你的心止靜。

你向內找回自己，
便能時時刻刻享受當下。

一切生命的奇蹟都已經在這裡。它們正在召喚你。如果你能聆聽它們，就能停止追逐。你，以及我們所有人，需要的是靜默。停止內心的噪音，讓生命各種美妙的聲音得以被聽見。然後你將可以開始真實且深刻地過你的生活。

一

不斷攝入噪音的生活

A steady diet of noise

有意識地選擇你想要親近的人事物，
是找到更多喜悅空間的關鍵。

除非你獨自住在沒電的深山裡，否則整天都有各種機會攝入持續不斷的噪音與資訊，片刻不得閒。即使沒有人在對你說話，你也沒有在聽收音機或其他音響設備，還是會有廣告、電話、簡訊、社群媒體、電腦螢幕、各種宣傳單，以及其他許多方式，讓我們接觸到各種文字與聲音。有時在機場候機區，我們甚至找不到一個沒有電視聲音的角落。許多人的通勤時間則是花在看推特、簡訊、新聞，以及玩各種手機遊戲。

即使在那些剛好沒有聲音、文字或其他外來資訊的稀有時刻，我們的腦袋裡也裝滿了各種縈繞的念頭。一天之中有多少時間（如果有的話），你可以處於真正的靜默呢？

靜默是必要的。我們需要靜默，
如同我們需要空氣，
如同植物需要陽光。

如果我們的心充滿言語思慮，
就沒有給我們自己的空間。

生活在都會裡的人已經習慣周遭充滿各種噪音。總是有人在喧鬧，總是有車水馬龍的喇叭聲或刺耳的樂音。持續不斷的噪音實際上變得令人覺得安心。我認識一些朋友，他們週末會去鄉間渡假或者去參加冥想禪修，結果卻發現靜默很可怕且令人不安，因為他們已經習慣了充滿噪音的環境，所以靜默無法讓他們覺得安適。

但靜默是我們生活必要的空間，其重要性就好像植物沒有陽光便無法生長，人沒有空氣便無法呼吸。一切生物都需要成長與轉變的空間。

對於靜默的恐懼

在我的印象中，大多數的人都害怕靜默。我們總是在攝入一些東西，不管是文字、音樂、廣播、電視或思想，以便填滿各種空間。然而，如果安靜與空間對我們的快樂是很重要的，為什麼我們不能在生活中給它們多保留一些位置呢？

我的一位資深弟子有個慈悲的伴侶，他善於聆聽，且不多話；但她這位伴侶在家時一定要打開收音機或電視，而且他喜歡邊吃早餐邊看報紙。

我認識一位女士，她女兒喜歡去當地禪寺打坐，並且鼓勵她也去嘗試看看。她女兒對她說：「媽，那真的很簡單。妳不必坐在地板上，那邊有提供椅子。妳完全不必做任何事，我們就只是安靜地坐著。」但這位女士很老實地回答說：「我想我很怕那麼做。」

即使當我們周遭圍繞著許多人，我們還是會感到寂寞。我們是一起寂寞。我們內在有個空洞。我們對於那個空洞感到不舒服，因此我們試著去填滿它或躲避它。科技提供了許多裝置和設備，讓我們可以與外界及他人「保持連結」。如今，我們**時時**都在「連結」，但我們持續感到寂寞。我們一天要查看電子郵件與社群網站許多次。我們不斷發送電子郵件或簡訊。我們想要與他人分享，也想要接受更多訊息。我們整天都讓自己忙著與別人連結。

我們為何如此害怕寂寞？我們或許覺得內心空虛，覺得被孤立，覺得悲傷，覺得惶惶不安。我們可能感到絕望且不被愛。我們可能覺得自己缺少什麼重要的東西。有些感覺由來已久，一直都跟著我們，潛藏在我們的一切行動與思考之下。由於外界充滿許多刺激，使得我們很容易分心，忘了我們的感覺。但在靜默之中，這些感覺和想法全都清楚地呈現。

各種刺激的大雜燴

我們周遭的一切聲音，以及我們不斷在自己心裡播放的一切想法，都可以被視為是一種食物。我們很熟悉那些可以吃的食物，也就是我們咀嚼和吞嚥的食物。但那並非我們人類唯一攝取的食物，而只是其中之一。我們閱讀的文字、交談的話語、觀賞的表演、流覽的網路訊息和遊戲，以及我們的擔憂、想法與不安，這些全部都是食物。難怪我們的意識裡經常容不下美好的事物與靜默，因為我們不斷塞入許許多多其他種類的食物。

我們每個人每天都會攝入四種食物。在佛教裡，我們稱這些食物為「四食」，包括：「段食」（可以吃的食物）、「觸食」（感官印象）、「思食」（意志力）、「識食」（個人與集體的意識）。

顧名思義，「段食」即每天由嘴巴分段吃進的食物。「觸食」則是你透過眼、耳、鼻、舌、身、意接收到的感官經驗，包括你聽到的聲音、閱讀的文字、聞到的氣味與接觸到的感覺；也包括你打的電話與簡訊、窗外的車聲、路過看到的廣告看板。雖然這些事物並非真正可以吃的食物，卻是每天進入你的意識，被你消化吸收的訊息與觀念。

第三種食物來源是意志力。意志力是你的意願、關心與想望。這種食物會「餵養」你的決定、行為與行動。如果你沒有意志力，沒有做任何事的任何想望，你就不會產生行動，那麼你將會逐漸枯萎。

第四種食物則來自意識，包括你的個別意識，以及你的心智餵養自己及餵養各種思想與行動的方式；也包括集體意識，以及集體意識對你造成的影響。

這幾種食物可能是健康的，也可能是有害的，可能是營養的，也可能是有毒的，一切取決於我們攝入的內容、分量，以及攝食時的覺知程度。好比說，有時候我們會因為吃了垃圾食物而生病，或者在心情低落時藉酒澆愁，結果事後反而感覺更糟糕。

我們對於其他食物也是如此。我們可能有意識地攝取健康又能提升心靈的資訊，或者反過來，我們也可能打電玩、看電影、看雜誌，甚或聊是非以逃避現實。意志的力量也可能是健康的（有建設性的動機）或有害的（貪愛與迷執）。同樣地，集體意識可能是健康，也可能是有害的。想像一下，你是如何受到所處團體的意識或氛圍所影響，不論那個團體是鼓舞人心的、快樂的、憤怒的、愛道是非的、競爭的或冷漠的。

由於每一種食物對我們都影響甚深，所以覺知我們攝取的內容與分量就變得很重要。覺知是保護我們自己的關鍵。少了這層保護，我們會吸收了過多的毒素。不明白覺知的重要性，我們內在會充滿有毒的聲音與有毒的意識，造成我們生病。正念覺知就像是保護新生兒敏感皮膚的遮光劑，少了它，皮膚會被烈日曬得起水泡。而藉由正念的保護，我們便能保持健康與安全，只攝入那些有益我們成長的食物。

段食：可以吃的食物

大部分的人都知道，我們所吃的食物會影響我們的感覺。垃圾食物會讓我們感到疲倦、易怒、緊張、內疚，而且經常只能得到短暫的滿足。反之，水果與蔬菜會讓我們感到精力充沛、健康且獲得滋養。我們吃東西經常不是因為飢餓，而是為了安慰自己或者逃避不愉快的感覺。好比說，你感到憂慮或寂寞，而你不喜歡這種感覺，所以你不斷打開冰箱找東西吃。你知道你並不餓，不**需要**吃東西，但你還是找了東西來吃，因為你想要藉由吃來掩蓋心裡那種不安的感覺。

當我們在我們的任何一處道場舉辦禪修時，每天都會提供三種健康的蔬食，那是以正念與愛心調配的食物。不過還是有些參加者會擔心吃的問題。我有一個朋友，他初次參加正念禪修時，滿腦子想的都是何時可以用餐。在禪修的前兩天，他一直饑腸轆轆的狀態。他不喜歡吃飯還要排隊。他擔心食物會不夠，即使這種事從未發生過。通常他會提早離開還在進行的活動，以便能排在用餐行列的前頭。

到了禪修的第三天，這位朋友在一個分享團體中，有機會談到他對父親（最近才剛過世）的一些感覺，並且從團體中得到許多鼓勵。座談的時間往後延長了一些，當他來到用餐的行列時，突然發現自己根本不擔心了。他覺得食物是足夠的，他不會餓肚子。我很高興在那個特別的一天，我們的飯菜沒有不夠。

觸食：感官印象

「觸食」是用我們的感官與心意（即六根）攝取的食物，包含我們看到、嗅到、觸到、嚐到與聽到的一切。外界的噪音就落在這個範疇裡，例如對話、各種娛樂與音樂。我們閱讀的東西與吸收的資訊，也都屬於「觸食」。

「觸食」對個人感受的影響程度，或許更甚於「段食」。我們常會看看報章雜誌或上上網，瀏覽圖片與聽聽音樂。我們想要與世界連結並收到訊息。我們想要讓自己過得快活，這些都是攝入「觸食」的好理由。但我們真正的目的經常只是為了逃避自己，掩飾內心的痛苦。當我們聆聽音樂、閱讀書籍或拿起報紙時，通常不是因為我們真的需要那樣的行動或資訊。我們常常只是機械式地這麼做，也許是因為我們習慣這麼做，或者我們想要「殺時間」，填補內心空虛的不舒服感受。我們這麼做可能是為了避免面對自己。許多人害怕返回內心的家，因為我們不知道如何處理內在的痛苦，因此我們才會不斷尋找並攝入更多的感官食物。

我們就是我們的感覺與認知。

如果我們憤怒，我們就是憤怒。

如果我們心中有愛，我們就是愛。
如果我們看著雪白的山頂，我們就是山。
而當我們做夢時，我們就是夢。

最近有個青少年向我坦承說，他一天至少花上八個鐘頭的時間在打電動遊戲。他停不下來。一開始，他打電玩是為了忘記對生活的不滿，他覺得自己不被家人、學校與社會所了解。如今他卻上癮了，滿腦子都是電動，連沒有在玩的時候也一樣。許多人的情況也類似於此，他們想要用感官刺激來填補內心的空虛與寂寞。

我們的感官是我們面對外在世界的窗戶，許多人隨時開著窗戶，讓世間的各種景象與聲音侵擾我們、滲透我們，使得原本就悲傷與苦惱的自我更加煎熬。我們感到又冷、又寂寞、又害怕。你是否曾經看著很糟糕的電視節目，卻無法關掉它？轟轟的噪音與槍林彈雨聲讓人心煩意亂，可是你沒有起身關掉電視。為什麼你要用這樣的方式折磨自己？難道你不想讓自己放鬆一下，關閉感官的窗戶？你是否害怕當你獨自面對自己時，會感到孤獨、空虛與寂寞呢？

看著糟糕的電視節目，我們就是那個電視節目。我們可以是我們想要的任何東西，即使沒有魔法棒。因此，為什麼我們要對糟糕的電影與電視節目打開心窗呢？為什麼要去看那些想賺輕鬆錢的煽情製片所拍的電影？為什麼要去看那些會讓我們心跳加速、拳頭緊握，走回街上時疲憊不堪的電影呢？

對話也是一種「觸食」。假設你和一個充滿痛苦、嫉妒或貪愛的人講話。在對話過程中，你便攝入了那個人的絕望能量。事實上，我們所攝入的多數「觸食」只會讓我們覺得更糟。我們會發現自己愈來愈不滿足，所以我們覺得必須買東西或改變什麼才能讓自己變得更好。

然而，我們總是可以選擇保護我們內在的平靜。這並不表示我們得一直緊閉心窗，因為在那個我們稱為「外在」的世界裡仍有許多奇蹟。為這些奇蹟打開心窗吧。但請用覺知的光去觀照每一個奇蹟。即使是坐在潺潺的清澈溪水邊、聆聽美妙的樂音，或觀賞絕佳的影片，也別將自己完全交給溪水、音樂或影像。持續覺知你自己與你的呼吸。在覺知的陽光照耀下，你可以避開大多數的危險——你將感受到溪水變得更加清澈，音樂變得更加和諧，藝術家的精神在影片中全然可見。

思食：意志力

意志力，也就是我們根本的意願與動機，是第三種食物。它餵養我們，給予我們行動的目的。我們周遭有許多噪音，無論是廣告、電影、遊戲、音樂或談話，這些訊息不斷告訴我們應該怎麼做、我們應該是什麼樣子、成功是什麼，以及我們應該成為怎樣的人。由於這些噪音的干擾，我們鮮少注意到自己真正想要的東西。我們不斷在行動，卻缺乏空間與平靜以便有意地去行動。

少了思食，我們會變得只是隨波逐流。有些人我一年只見到一次面。而當我問他們，過去一年來都做了些什麼時，許多人都說不記得了。對我們大多數的人來說，一天、一週，甚至好幾個月的時光，都像這樣在迷霧中度過了。這是因為在那些日子裡，我們並不清楚自己的目的。有時候我們唯一的目的，似乎就只是過日子罷了。

每次我們行動時，不管是上街購物、打電話給朋友、散步或上班，無論我們是否明白，都有一個讓我們採取行動的目的或動機。但光陰似箭，有一天我們可能會驚訝地發現，生命已近尾聲，我們卻不知道自己這一輩子究竟做了什麼。或許我們的日子都虛擲在憤怒、恐懼與嫉妒中。我們很少讓自己有時間與空間去思考：**我正在做的事，是否是我生命中最想做的事**？**我是否知道自己在做什麼**？我們腦袋裡的聲音與周遭的噪音，淹沒了內在「平靜而微細的聲音」。我們忙著做「重要的事」，卻很少花時間深入觀察，看看它們是否符合我們最深的渴望。

意志力是巨大的能量來源，但並非所有的意志力都來自我們的心。如果你的意志力只是想要讓自己賺大錢或擁有大量的社群網路追隨者，那並無法讓你擁有滿足的人生。許多有錢有勢的人並不快樂，他們覺得很寂寞，他們沒有時間去過自己真正想過的生活。他們覺得沒有人了解他們，而他們也不了解別人。

身而為人，要完全體驗此生，
我們都需要與
想要了解比個人更寬廣的事物的渴望連結。
這將給我們足夠的動力去改變，
如此我們便能夠從滿腦子的噪音中解脫。

你可以一輩子聽著內在與外在的訊息，卻不曾聽到內心最深的渴望。然而，你不必當個僧人或烈士，才能聽到這個聲音。如果你保有諦聽自己的空間與寂靜，你便會發現內在有個助人的強烈渴望，渴望把愛與慈悲帶給別人，為世界創造正面的改變。

無論任何職業，不管你是公司經營者、餐飲服務者、傳道授業者或照顧別人的人，只要你堅定且清楚地了解自己的目的，也了解如何將工作與這個目的結合，它就能成為你生命中強大的喜悅源泉。

識食：個人意識

即使我們進行感官的節食，切斷外界的噪音與訊息輸入，我們依舊會攝入一種有效的食物來源：我們自己的意識。它與集體意識，構成了第四種食物來源。

當我們把注意力指向意識的某些元素時，便是在「攝入」它們。而就如同我們的膳食一般，我們從意識攝入的東西可能是有益與健康的，也可能是有毒的。好比說，當我們產生一個殘酷或憤怒的念頭，並且在心裡一再播放這個念頭時，我們便是在攝取有毒的意識。如果我們看到美好的事物，或對自己的健康與周遭人們的愛抱持感恩，那便是在攝取健康的意識。

我們每個人都有愛、寬恕、了解與慈悲的能力。如果你知道如何培養這些意識的元素，你的意識便會以健康的食物滋養你，讓你感覺到周遭每個人的美好與益處。然而，我們每個人的意識裡也都有迷執、憂慮、絕望、寂寞與自憐的能力。如果你攝入會滋養這些負面元素的感官食物，例如閱讀八卦小報、打暴力電玩、把時間花在嫉妒別人的成就或說些尖酸刻薄的話，那麼你意識裡的憤怒、絕望或嫉妒，就會變成一股更強大的能量。你在心裡培養的這些食物，對你來說並不健康。即使你已經放下那些書本與電玩，你的心仍然有可能持續且反覆地攝入那些有毒的元素，可能是數小時、數天，甚至數週之久，因為它們已經在你的意識裡澆灌了各種負面的種子。

有些植物可能會讓你生病，例如毒芹與顛茄。如果你吃下它們，一定會受苦，因此人們通常不會刻意在花園裡栽種這些植物。同樣地，你可以在自己的意識裡培養會滋養你的善法，而非會毒害你並讓你痛苦的惡法。

無論我們是否意識到，我們都持續在心裡灌溉某些東西，那也是我們會攝入的東西。我們灌溉與攝入的東西，可能會無意識地出現在我們的夢中，也可能會在我們的談話間就這麼冒出來，然後我們還納悶著：「那個想法是從哪兒冒出來的？」當我們不注意自己正在攝入什麼，以及我們心裡正在培養什麼時，將會對我們自己和我們的人際關係造成嚴重傷害。

識食：集體意識

除了個人意識，我們也會攝入集體意識。如同整個網際網路是由許多個人網站所組成的，集體意識也是由個人意識所組成。每個個人意識都包含了集體意識的元素。集體意識可以是具破壞性的，例如憤世嫉俗者的暴力，或者更隱約的暴力，像是一群喜歡批評人或說閒言閒語者的敵意。另一方面，如同個人意識，集體意識也可以是具有療癒性的，例如當你和喜愛的朋友或家人在一起時，或者和一群興趣相投的陌生人一起聽音樂、觀賞藝術或身處大自然間。當我們周遭環繞著充滿了解與愛的人，我們會被他們的存在所滋養，我們內在的了解與愛的種子也會獲得灌溉。而當我們周遭環繞著愛說閒言閒語、愛抱怨且經常批評他人的人，我們同樣會吸收到這些毒素。

我有一個音樂家朋友，他從小就移居美國加州，年紀大了以後才搬回越南。人們問這位老先生為什麼要回越南。「在加州想吃什麼都有，想做什麼都可以，醫療設備也很好，」他們說：「你可以買到任何你想要的樂器，物質上應有盡有。你為什麼要回來越南呢？」他回答說，住在加州時，他周圍都是一些充滿憎恨與憤怒的移民，每次他們來看他，都會用他們充滿仇恨的心毒害他。他不想在寶貴的餘生中吸收那些憤怒與悲苦，他想找一個能夠與更快樂且更有愛心的社群為伍的地方。

如果我們與充滿暴力、恐懼、憤怒與絕望的人比鄰而居，即使百般不願，我們也會攝入憤怒與恐懼的集體能量。如果我們的鄰居非常喧鬧，常常傳出刺耳的喇叭聲與警鈴聲，我們就會攝入那股能量與不安。除非逼不得已，一定要與這些人為鄰，否則我們可以選擇安靜且有益人心的環境。不過，即使處在喧譁的環境裡，我們同樣可以創造一片寂靜的綠洲。我們可以成為創造改變的正面動力。

如果你正要開始思考如何將靜默與空間帶入你的生活，以便增長你的喜悅，請記得，沒有人能夠獨自完成這件事。當你擁有一個支持你的環境時，你會更容易達到寧靜並心懷感謝。如果你無法讓自己進入一個更安靜、更祥和的物質環境，那麼就盡可能多親近有助於提升平靜與慈悲的集體能量。有意識地選擇你想要親近的人事物，是找到更多喜悅空間的關鍵。

練習：滋養身心

當寂寞或焦慮的感覺生起時，我們多數人會習慣性地躲避它，而這麼做通常會導致某種形式的有害攝食，例如在不餓時吃東西，或者漫無目的地上網、開車或閱讀。有意識的呼吸，是以正念滋養身體與心理的好方法。在一、兩次的正念呼吸之後，你將會減少填滿自己或逃避現實的欲望。你的身心整合在一起，透過正念呼吸而得到滋養。你的呼吸會自然地愈來愈放鬆，有助於舒緩身體的緊張壓力。

採取有意識的呼吸，將帶給你休養生息的機會。它也會讓你的正念更強大，讓你有寂止與定力，可以深入觀察你的不安或其他情緒。

所謂引導式的禪修從佛陀時代便已經開始了。你可以在坐著或走路時，練習以下的禪法。坐禪時，讓自己保持舒適，脊椎打直，放輕鬆。你可以盤腿坐在墊子上，或垂下腳坐在椅子上。隨著第一個吸氣，默唸下列禪法的第一行；吐氣時，默唸第二行。在接下來的吸吐中，你可以只默唸括號裡的關鍵字。

吸氣，我知道自己正在吸氣。
吐氣，我知道自己正在吐氣。
（**吸**。**吐**。）

吸氣，我的呼吸逐漸變深。
吐氣，我的呼吸逐漸變慢。
（**深**。**慢**。）

吸氣，我覺知自己的身體。
吐氣，我平靜自己的身體。
（覺知身體。平靜。）

吸氣，我微笑。
吐氣，我放鬆。
（微笑。放鬆。）

吸氣，我安住當下。
吐氣，我享受當下。
（當下。享受。）

二

喋喋不休的思考

Radio non-stop thinking

當我們的心喧囂不安時，
外在的平靜只是一種假象。
當我們可以找到內在的空間與平靜時，
便能毫不費力地散發平靜與喜悅。

即使我們沒有在與人交談、閱讀、聽音樂、看電視或上網聊天，我們多數人還是感受不到安定或平靜。這是因為我們仍然不斷收聽著一個「內在的」廣播電台，也就是「不停思考電台」。

就算我們靜靜坐著，沒有來自外界的任何刺激，我們的腦袋裡依然進行著無止盡的內在對話。我們不斷攝入各種念頭。乳牛、山羊與水牛會咀嚼食物，然後吞下肚，接著再反芻，反覆咀嚼。我們人類不是乳牛或水牛，但我們也不斷反芻我們的思想——不幸的是，主要是負面的思想。我們吃進它們，然後一再地反芻它們，如同牛隻咀嚼著牠自己吐出來的食物。

因此我們必須學習關掉這個「不停思考電台」。以各種思考不斷消耗我們自己的意識，對我們的健康而言並不好。在我所居住的法國道場梅村裡，我們不只練習正念攝入「段食」，也練習正念攝入「觸食」。我們除了不喝含酒精的飲料與不吃肉類，在進食、喝水、洗盤子或做任何其他活動時，也盡量減少說話與思考。這是因為若我們在走路時，同時在說話或思考，我們便會陷入談話或想法中，迷失於過去或未來的擔憂與計畫，忘了我們其實正在走路。人們常常一輩子都在這麼做，真是可悲的浪費啊！讓我們反過來，真正的**活在**這些生命賜給我們的寶貴時刻裡。為了要能夠活出生命，我們必須關掉心裡那個電台，關掉喋喋不休的內在談話。

如果我們一直把注意力擺在內心的喋喋不休上，如何能夠享受自己的腳步？覺知我們的**感受**，而不只是我們在想什麼，是很重要的。當我們的雙腳踩在土地上時，我們應該要能夠感覺到腳與土地的接觸。當我們這麼做時，便可以感受到行走這件事的極大喜悅。當我們走路時，可以將身心都投入我們的步伐中，完全專注於生命的每一個寶貴片刻。

當我們把注意力放在雙腳與土地的接觸時，我們便停止受到思想的牽制，開始以一種全新的方式去體驗我們的身體與這個環境。我們的身體是一個奇蹟！它的運作是百萬個過程的結果。唯有當我們停止持續不斷的思考，以足夠的正念與定力去感受到身體、地球與天空的奇蹟，我們才能夠完全體會到這一點。

我並不是說思考都是不好的。思考也可以是非常有益的。我們的各種念頭經常是我們的感受與感知的產物，因此思考可以被視為是一種果實；有些果實充滿營養，有些則不然。如果我們內在有許多憂慮、恐懼或苦惱，將會生產出無用、無效且有害的思想。

我們就是自己的思想，但我們又遠遠不只是我們的思想。我們也是我們自己的感受、感知、智慧、快樂與愛。當我們知道自己不只是思想時，便能下定決心，不讓思想主宰我們。我們的思想是否支持著我們生命的真正目的？如果不是，我們便需要按下「重新啟動」的按鍵。如果我們沒有覺知自己的思想，它們就會喧賓奪主，占據我們的心。它們可不會等候我們的邀請。

負面思考的習慣

佛教心理學將我們的心區分為至少兩個主要部分。首先是「藏識」（store consciousness），它是我們的心較為底層的部分，是我們所有思想與情緒的種子的倉庫。這個倉庫裡頭有各式各樣的種子，包括愛、相信、寬恕、喜悅與快樂的種子，也包括痛苦的種子，諸如憤怒、敵意、仇恨、歧視、恐懼、不安等等。我們祖先的所有才智與缺點，都透過我們的父母傳遞給我們，它們同樣以種子的形式潛伏在我們的意識深處。

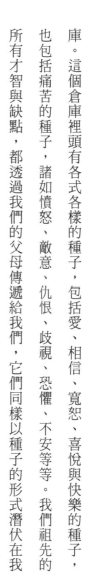

藏識就像是一棟房屋的地下室，而意識（mind consciousness）則是心的上層部分，就像是起居室。所有種子都儲存在地下室，一旦某顆種子受到刺激，或我們常說的澆灌，它就會發芽並浮現到意識的層次。此時它不再是蟄伏的種子，而是名為「心行」（mental formation）的能量層。如果它是像正念或慈悲的善種，我們就會享受與它為伴。然而當不善的種子受到刺激時，它會像不速之客般占據我們的起居室。

例如，當我們在看電視時，也許我們心中貪愛的種子被觸發了，然後它會發芽並長到意識的層次，成為貪愛的能量。又例如，當憤怒的種子靜靜躺在我們心中時，我們會感受到快樂，也會感到喜悅。可是一旦某人說了或做了什麼事，澆灌了憤怒的種子，它就會浮現到意識的層次，成為憤怒的能量層。

我們要練習接觸並澆灌善的種子，以便讓它們能在日常生活中顯現出來；我們也要練習不去澆灌仇恨或貪愛的種子。在佛教中，這樣的練習名為「精進」行（practice of diligence）。在梅村，我們稱之為「選擇性的灌溉」（selective watering）。例如，當暴力與仇恨的種子在藏識裡靜止不動時，我們會有幸福的感覺，但如果我們不知道如何照顧我們的心識，這些種子就不會繼續躺在那裡，它們可能會獲得澆灌並開始顯現。當不善的種子在意識中顯現時，覺知它是很重要的，別任其坐大。每次當你看見一個痛苦的心行顯現時，要喚醒正念的種子，讓它成為意識裡的第二股能量，以便認出、擁抱並安撫負面的心行，如此一來你才能夠深入觀察那股負面的能量，了解它的起源。

大多數的人心中都有真實的憤怒與痛苦潛伏著，也許是過去我們曾經受到壓迫或不當對待，而那些痛苦還存在我們心裡，深埋在我們的藏識裡。我們並未去處理和轉化過去發生在我們身上的這些關係，我們獨自面對著這些憤怒、瞋恨、絕望與痛苦。如果我們年少時曾經受到虐待，往後每當我們的思緒重回那件事時，我們就宛如再一次完整地經歷那段可怕的過程。我們每天都像這樣一再讓自己受到虐待。那就是在反芻我們心識裡的有毒食物。

我們的童年時光裡當能也有許多快樂的時刻。然而，我們還是一而再、再而三地耽溺於絕望與不健康的心理狀態中。如果有人可以提醒我們，那將會很有幫助。他們或許會說：「親愛的朋友，別再反芻痛苦的思想了。」人們常常會說：「告訴我你在想什麼？」現在我們則可以這麼問：「你在反芻什麼？過去的痛苦嗎？」我們可以幫助彼此打破習慣性的負面思考，重新看見當下發生在我們內心與周遭的奇蹟。我們可以幫助彼此不要落入過去的痛苦與絕望中。

我們的思想與世界息息相關

我們的思考常常不停地打轉，於是我們的生活變得索然無味。我們大多數的思考不只對我們沒有幫助，甚至還會帶來傷害。我們可能會認為只是想著什麼事情不會造成任何傷害，但事實上思想不只會進入我們的腦袋，也會向外進入這個世界。就好比蠟燭會散發光、熱與氣味，我們的思考也會以各種不同的方式展現它們自己，出現在我們的話語與行動中。

我們透過我們的想法與思考而延續。
它們是我們在每個時刻裡生出的孩子。

當我們身邊的人心情不好或被負面思緒所牽引時，我們一定可以感覺得到。每次我們生起一個念頭，無論是關於自己或外在世界，關於過去或未來，我們一定會以某種方式散發出那個念頭的思想與觀點。我們產生了念頭，而那個念頭就帶著我們的觀點與感受的能量。

當我們陷入負面的思想與憂慮時，很容易創造出誤解與不安。而當我們停止思考，讓心靈靜止下來，則會創造出更多的空間與出口。

你有一個選擇。我們每個人都有一個選擇：你的想法可以讓你與周遭的世界更加受苦，也可以減少受苦。如果你想在職場或社會中創造一個更融洽和諧的氣氛，請不要試著從改變別人開始。你的首要之務是找到自己內在的安靜空間，讓你可以更加了解自己，包括認識並了解你自己的痛苦。當這樣的練習穩固了，你也已經在認識自己上收穫了一些甜美的果實，你便可以開始設法把寂靜、深觀、了解與慈悲逐步帶入你的工作場合或社會中。

正念即重新凝聚注意力

「不思量」（nonthinking，即不思考）是一種藝術，就像任何藝術一樣，它需要耐心與練習。剛開始時，要重新凝聚注意力並統合身心並不容易，即使只做十次正念的呼吸，可能都很困難。但藉由持續的練習，你便可以尋回「臨在」的能力，練習只活在當下。

花幾分鐘的時間靜坐，是練習放下習慣性思考最簡單的方式。當你在靜坐時，你可以觀察自己的念頭如何跑進來，練習不要反芻它們，任由它們自行來去，你只要專注於自己的呼吸與內在的靜默。

我認識一些不喜歡靜坐的人，他們覺得那並非他們放鬆的方法，有些人甚至覺得那麼做很痛苦。我也認識一位認定自己永遠無法靜坐的女士，她認為那就是「不管用」。因此我邀請她與我一起走一段路。我不稱它為行禪，我們只是慢慢地走，保持覺知，享受清涼的空氣，以及腳踩在地上的感覺，我們只是結伴而行。而當我們回來時，她的雙眼清亮，整個人看起來容光煥發。

只要你能騰出幾分鐘的時間給自己，
像這樣平靜自己的身體、感受與感知，
你就可能感受到喜悅。

真正平靜的喜悅將成為療癒我們的食物。

走路是「靜心」而非「嘗試靜心」的美妙方式。你不需要說：「現在我要開始禪修！」或「現在我不要思考！」你只要走路就好，當你專注於走路時，喜悅與覺知便會自然現前。

為了真正享受你所邁出的步伐，請讓你的心放下一切憂慮與計畫。你不需要投入許多時間與精力去準備讓自己停止思考。只要一個正念呼吸，你便已經停止了。吸氣，然後踏出一步。隨著那個入息，你有兩、三秒鐘的時間可以停止心智的運轉。如果「不停思考電台」正在發出刺耳的聲音，別讓那個如龍捲風般快速旋轉的能量把你給帶走了。對我們大多數的人來說，這種事不斷在發生：我們沒有好好地生活，而是日復一日讓自己被各種噪音捲走。藉由正念的修行，你可以安住當下，生命與它所有的奇蹟對你都是真實可得的。

一開始，你可能需要多一點時間，也許是十到二十秒的正念呼吸，才能讓你放開思想。你可以吸氣走一步，吐氣走一步。如果注意力跑掉了，只要溫柔地將它拉回到呼吸上。

十到二十秒並不是很長的時間。一個神經脈衝，一個動作電位，都只需要一毫秒。給你自己二十秒的時間，就是給你自己兩萬毫秒去阻止思想的奔馳列車。如果你想要的話，你可以給自己更多的時間。

在那短暫的時間裡，你可以體會到止靜的至福、喜悅與快樂。在那段停止思考的時間裡，你的身體能夠自我療癒。你的心也有自我療癒的能力。沒有任何事物、任何人可以阻止你持續享受從一秒的步伐與一秒的呼吸中所得到的喜悅。你的步伐與呼吸隨時都準備好要幫助你療癒自己。

當你在走路時，你會看見自己的心被憤怒或貪愛的痼習給推擠或拉扯著。事實上，那股習氣可能**總是**在催促你，無論你在做什麼，甚至連睡覺時也一樣。透過正念，你可以認出這股習氣。認出它之後，只要對它微笑，然後給它一個舒適的正念沐浴，讓它浸潤在溫暖與開闊的靜默中。藉由這樣的練習，你便能放下負面的習氣。無論在走路、躺臥、洗盤子或刷牙時，你都能不斷練習讓自己處在靜默開放與溫暖的擁抱中。

靜默不只意味著不說話。事實上，我們感受到的多數噪音，都是自己腦袋裡的喋喋不休。我們思考又再思考，不斷在兜圈子。因此我們才要在每一餐開始前，提醒自己只要攝入食物，而非思想。我們要練習專心地「吃」。沒有思考，對食物與周遭的人保持覺知。

這並不表示我們完全不能思考，或者我們應該壓抑自己的念頭。它只是表示，當我們在走路時，藉由專注於呼吸與步伐，讓自己暫時停止思考。如果我們真的需要思考某件事，我們可以停下腳步，將全部的注意力放在思考那件事情上。

正念呼吸與正念行走可以讓我們接觸到周遭的生命奇蹟，強迫性的思考將因此自然地消失了。當我們更能夠察覺到身邊的許多奇蹟時，快樂便會生起。如果一輪明月高掛天空，而我們卻在想著別的事情，使看不見月亮了。但如果我們只注意著月亮，思考自然會停止；無須強迫或斥責自己，或者禁止自己思考。

不說話本身，便能帶來極大的平靜。
如果我們可以給自己帶來不思考的深沉寂靜，
便能在那個寂靜中，找到美妙的光明與自由。

把注意力從各種分散的念頭轉回當下正在發生的事情，是正念的基本練習。我們隨時隨地都可以這麼做，從中找到更多的生命喜樂。無論是在煮飯、工作、刷牙、洗衣或進食，我們都可以享受這份停下思想與話語的清新寂靜。

真正的正念修習並不需要坐禪或遵守修行儀軌，只需要深入觀察並找到內在的止靜。如果我們無法這麼做，便無法妥善照顧心中那些暴力、恐懼、怯懦與仇恨的能量。

當我們的心喧囂不安時，外在的平靜只是一種假象。當我們可以找到內在的空間與平靜時，便能毫不費力地散發平靜與喜悅。我們也能夠在不言語的情況下幫助別人，創造一個更加療癒人心的環境。

爲實現眞正的夢想預留空間

有時候我們會糾結在華而不實的夢想上，也許是因為我們終日汲汲營營，以致於無法相信自己真的能夠根據內心最深切且最真實的渴望而活。但事實是，在日常生活中，每個呼吸與每個步伐，都是讓真正的夢想成真的具體養分。如果我們隨波逐流，追求別人販賣給我們的夢想，說服自己相信各種成功的機會都像表面看起來的那麼美好，那麼我們會為了浮華的野心而犧牲了生命給予我們生活與愛的寶貴時間。我們可能會把一輩子的時間都賣給了這些事情。

許多人是到了臨終病床或晚年時才悲傷地領悟到這件事。他們突然懷疑起自己這幾十年來的工作與壓力到底是為了證明什麼。他們可能已經成為「自身成功的受害者」，意即他們雖然得到了夢寐以求的財富與名聲，卻從來沒有時間與空間去好好享受自己的生活，也無法與所愛的人培養親密的關係。他們每天不停奔波，只為了抓住現有的成就。

但沒有人會成為自己的快樂的受害者。你可能會發現，當你將追尋離苦得樂之道列為人生的優先目標時，你在工作上會更加成功。

當人們更快樂且更安穩時，他們的工作品質也會進步，這是屢見不鮮的事，但你必須要先想清楚自己最深的想望是什麼。有些人修習正念是為了在事業與生涯上更加成功，而非變得更快樂或幫助別人。許多人問我：「我們能藉由修習正念而賺得更多錢嗎？」

如果你真的修習正念，它絕不會造成任何傷害。然而，如果這種修習無法帶來更多慈悲，那就不是正確的正念。當你覺得自己的夢想尚未實現時，你可能會以為你需要做更多的事，或擬定更多的計畫與策略。但事實上，你需要的是減少來自內在與外在的噪音，如此一來你內心最真實的渴望才有發芽與茁壯的空間。

練習：止與放下

止，可以整合身心，讓身心回到當下。唯有藉由止，你才能夠體驗到平靜與專注，與生命相遇。藉由靜坐，停下身心的各種活動，保持內心的止靜，你會變得更加安定與專注，你的心也會變得更加清澈。此時你可以覺知內心與周遭正在發生的事。

就先從停下身體的躁動開始。當身體止靜時，除了呼吸，你便無須注意其他的活動，這會讓你的心更容易擺脫跑來跑去的習慣，不過這得花些時間練習才做得到。

一旦你學會如何在身體止靜時靜止你的心，那麼即使當身體在活動時，你也可以讓你的心靜下來。專注於日常活動中以呼吸配合身體動作的練習，你便能在生活中充滿覺知，而非處於漫不經心的狀態。

人的思想是無常的，就像世上其他所有事物一樣。如果你不執著於一個念頭，那它生起、停留一會兒，之後便消失了。反之，執取念頭，貪求財富、名聲或欲樂之類的事物，則會招來貪愛與執著，使你誤入歧途，讓你自己與他人受苦。認出各種念頭與欲求，任它們來與去，可以讓你有休養生息並接觸自己最深的想望的空間。

請發揮創意寫下屬於你自己的偈頌，加入下列的禪修指引裡：

吸氣，我覺知自己的念頭。
吐氣，我覺知它們的無常。
（**念頭。無常。**）

吸氣，我覺知自己對財富的欲望。
吐氣，我覺知財富是無常的。
（**覺知對財富的欲望。無常。**）

吸氣，我知道貪愛財富會帶來痛苦。
吐氣，我放下貪愛。
（覺知貪愛。放下。）

吸氣，我覺知自己對欲樂的貪愛。
吐氣，我知道欲樂本質上是無常的。
（覺知欲樂。無常。）

吸氣，我覺知貪愛欲樂的危險。
吐氣，我放下自己對於欲樂的貪愛。
（覺知貢愛。放下。）

吸氣，我觀想「放下」。
吐氣，我感受放下的喜悅。
（觀想放下。喜悅。）

三

如雷貫耳的寂靜

Thundering silence

靜默來自內心，而非不語。

我們需要用一件又一件事物來填滿自己，這是當代人類的集體疾病。而市場上也準備了各式各樣的東西要賣給我們，好讓我們填滿自己。各式廣告不斷恐嚇我們，少了什麼東西就可能會讓自己陷入悲慘的生活處境。但我們攝入的許多東西，無論是食物或感官印象，都含有毒素。就像我們在吃完一整包的洋芋片之後可能會感覺很糟一樣，當我們在網路上或電玩上耗了許多個鐘頭之後，常常也會覺得很糟糕。當我們為了逃避或掩蓋苦悶的感覺而像這樣不斷攝食，到頭來我們只會感到更寂寞、憤怒與絕望。

我們必須停止攝入感官的食物，以對治逃避自我的強迫性衝動。但這並不表示我們應該強迫自己不要使用手機或上網。我們需要可以吃的食物來保持體力，我們也需要可供感官接觸的「觸食」。但我們可以更警覺且明智地挑選適合的感官食物，尤其應該知道為何要在那個時刻攝入它。

許多人一天要檢查電子郵件好幾次，不斷查看是否有新的訊息，雖然大多數時候他們一無所獲。要讓自己真正感覺新鮮，也就是感到清新、快樂與舒適，最有效的方式是打開修習正念的內在空間。

放下

許多禪師都說過，「不思量」（不思考）是正念修行的關鍵。正念修行並不表示端坐不動、專注思考！因為當思考接管心靈時，你便失去與身體及更大覺知的聯繫。人類非常執著於自己的思想、觀念與情緒，我們認為它們是真實的，放下它們無異於是放棄自我的真實身分。

如果你像大多數的人一樣，你可能以為一定是因為你還沒有實現什麼事情，所以你才會不快樂。這些事情也許是學位、職位升遷、收入或關係。但這個想法可能正是讓你不快樂的原因。要拋開這個想法，讓真正的快樂得以顯現，你得先體悟一個的事實，也就是懷抱你現在的觀念正是令你受苦的原因。而你可能已經懷抱這樣的觀念一、二十年了，卻從不了解它正在破壞你快樂的本能。

有個晚上我夢到自己是個大學生，大約二十一歲左右。我做這個夢時已經六十幾歲了，但在夢中我相當年輕。我獲准進入一個非常著名的教授的課程，他是大學裡最受歡迎的教授。我很高興能成為他的學生，我前往系辦公室詢問上課的地點。當我在問問題時，有個長得很像我的人也走進辦公室。他衣服的顏色與容貌完全和我一模一樣。我感到非常驚訝，他到底是不是我呢？我問行政人員這位年輕人是否也獲准上課。她說：「不，不可能。你可以，但他不行。」

這門課是排在當天早上，於該棟建築物的頂樓上課。我趕緊走去教室以免遲到，爬樓梯爬到一半時，我大聲地問：「到底這門課的主題是什麼？」旁邊的人告訴我是音樂。我很訝異，因為我根本不是學音樂的。

當我走到教室門口時，往裡頭一瞧，發現有超過一千名學生，是一個盛大的集會。透過教室窗戶，我看見外面白雪皚皚的山頭，以及天上的月亮與星辰。我被眼前的美景深深打動。但就在教授即將進到教室前，我被告知說我們每個人必須做一段音樂表演——而我是第一個表演者。我茫然不知所措，因為我對音樂一竅不通。

我摸摸口袋，尋找可用之物，發現有個金屬製品。我把它拿出來，原來是個小鐘。我告訴自己：「這是音樂。這是一項樂器。我可以做鐘的表演。是的，我一定辦得到。」我做好準備，就在有人宣布說教授即將進來的那一刻，我醒了。我感到非常遺憾，如果這個夢再持續兩、三分鐘，我就可以看見他了，那個受人愛戴的傑出教授。

我醒來之後，試著回想夢裡的細節並了解它的意義。我的結論是：我在辦公室看見的另一個年輕人也是我，但也許他還執著於什麼，不夠自由，因此無法獲准上課；他可能是我自己過去的一個面向，但在我拋開執念之後，我超越他了。

「放下」的意思是指「放開某樣東西」。我們緊抓不放的某樣東西，可能只是心的創造物，是我們對某件事物的虛假感知，而非事物本身的真實。每件事物都是心的對象，被我們的感知給上了色。你有了一個念頭，在你了解它之前，早就已經陷在其中了。你可能會被自己相信的想法給嚇到，甚至因此生病。也許那個想法帶給你許多的痛苦與憂慮，因此你會想要擺脫它。但光是想要擺脫還不夠，你必須給自己足夠的空間與止靜，才有可能感受到自由。

有時候我們必須多花點時間去深觀一個想法或情緒，找到它的根源。它一定來自某處，也許在我們年幼時、甚或出生前就已經形成了。一旦我們找出情緒或思想的根源，便能開始放下它。

而第一步就是停止思考。我們必須回到呼吸，平靜自己的身體與心靈。這麼做會帶來更多的空間與清明，讓我們可以指認出那個正在困擾我們的思想、欲望或情緒，向它打招呼，並准許我們自己放開它。

以不思考的方式找到答案

這並不是說我們永遠都不能思考。最近有個尼師對我說：「我有許多難題要處理，如果你告訴我不要思考，我要怎麼解決問題呢？」但是只有「正思維」（right thinking）是真正有用的思考。正思維才會帶來好的結果。一般而言，我們百分之九十或更多的念頭都不是正思維，它們只會帶著我們兜圈子，找不到出路。我們以那樣的方式想得愈多，只會帶給自己的身心更多的紛亂與不安。那種思考解決不了任何問題的。

正思維需要「正念」與「正定」。假設我們有個需要解決的問題。如果我們採用錯誤的思考方式，只會事倍功半，解決不了問題。我們得讓自己的意識休息，讓藏識去找答案。我們必須拿回交給心智與情緒的主控權，將問題與挑戰託付給藏識，就像是種下一顆種子時，我們必須將它託付給大地與天空。我們思考的心智，即意識，並不是土壤，它只是種下種子及開墾土地的手，我們藉由它練習對每日經歷的事物保持正念。而我們的藏識才是能夠幫助種子發芽的沃土。

將那顆種子託付給藏識的沃土之後，我們需要耐心等待。當我們在睡覺時，藏識依然在工作。當我們在走路與呼吸時，只要不讓思想打斷這個過程，藏識依然繼續工作。然後有一天，答案就會出現了，因為我們並不依靠思考的心，而是依靠我們的藏識。

我們必須藉由正念修習來訓練自己，這樣我們才能夠將問題與困難託付給藏識。我們要對它有信心，使用正念與定力去澆灌種子及照顧土壤。一天、兩天，或幾天後，答案便會萌發，我們稱之為覺醒的時刻，或覺悟的時刻。

靜的本質

當我們拋開各種念頭、思想與概念時，便給了真心（true mind）空間。我們的真心是離言絕慮的，比受限的心智建構廣大許多。正如同唯有當海洋平靜無波時，我們才能看見明月映現其上。

靜默終究是來自內心的東西，而非外在的任何因緣條件。依靜默的心而生活，並不意味著不說話或不做事；它只是表示我們的內在沒有**擾動**，心裡沒有喋喋不休的念頭。如果我們真的享有靜默，那麼無論處在何處都能享受靜的祥和與開闊。

有時候我們會因為周遭沒有任何聲音而以為自己是靜默的，但除非我們的心平靜了，否則我們的腦袋裡還是一直在叨叨絮絮的，那並非真正的靜。所謂修行就是學習如何在我們所做的一切活動當中找到靜。

你可以試著改變你思考與觀看的方式。

坐下來吃午餐時可能是讓你自己體驗靜的甜美滋味的好時機。雖然旁邊的人可能在講話，你依然能夠跳脫慣性思考，保有內在的靜默。你可以身處在擁擠的空間裡，依然享受靜默、甚至獨處的樂趣。

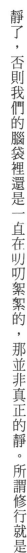

我們應該了解，
靜默來自內心，而非不語。

如同內在的靜默不需要依靠外在的安靜一般，獨處並不必然意味著你身邊沒有任何人。當你安住當下時，便能了解獨處的深義，覺知此刻正在發生的事。你以正念覺察自己所擁有的每一個感受與感知。你覺知周遭正在發生的事，但你也能完全安住此刻；你不會迷失於外在環境。那便是真正的獨處。

喜悅的靜默與壓抑的靜默

有時候當我們想到靜默時，我們會聯想到強迫和限制，例如獨裁政府箝制人民的言論自由，或長輩告誡我們「囝仔有耳無嘴」，或家中有人強迫其他人不能談論某個敏感話題。這種靜默是壓抑的，只會讓情況變得更糟糕。

有些人曾經在自己家中經歷過這種緊張的靜默。例如，一旦父母吵架之後，常會出現這種惱人的靜默，讓全家人跟著受苦。如果每個人都感到憤怒或焦慮，那麼保持靜默反而可能助長了集體的焦慮與憤怒。那種讓人緊張與煎熬的靜默是非常負面的。我們無法長期承受這種靜默，它會戕害我們。但自發性的靜默則完全不同。當我們知道如何一起坐著，一起呼吸，與內在隨時可用的開闊空間連結，生起平靜、放鬆與喜悅的能量，那種靜默的集體能量是非常療癒且滋養人心的。

假設你正坐在戶外看著陽光、美麗的樹木、青草與綻放的花朵。如果你輕鬆地坐在草地上，靜靜地呼吸，你還會聽到鳥鳴聲，以及風吹過樹梢奏出的樂音。即使你住在城市裡，也一樣可以聽到鳥與風的歌唱。如果你知道如何止息翻攪的思緒，就不必為了逃避不舒服的感覺而徒然地轉向放逸的攝食。你可以只聽著一個聲音，專心地諦聽，享受那個聲音。在你的聆聽當中有平靜與喜悅，此時你的靜默是充滿力量的。那種靜默是有力的且積極的。它絕非壓抑你的靜默。

在佛教裡，我們稱這種靜默為「如雷貫耳的寂靜」*。它是非常具有說服力的，並且充滿能量。我們經常舉辦禪修，幾千人一起靜默地修習正念呼吸。如果你曾經參與過類似的活動，就會知道團體共修的靜默力量有多麼強大。

你曾經注意到小孩也可以享受靜默嗎？即使是年紀很小的孩子也可以。那是非常輕鬆愉悅的感覺。在梅村，各種年齡的小孩都可以安靜且充滿喜悅地一起進食與走路。在我們的道場裡，我們不看電視也不打電玩。我有一個年輕朋友，他第一次來梅村時是一路狂踢尖叫進來的。那時候他才八歲，他與父母從巴黎開車過來，硬

*譯按：即禪宗所謂的「維摩一默一聲雷」。在《佛說維摩詰經》中，文殊讚嘆維摩的靜默為「真入不二法門」。

是不肯下車，因為他知道下來之後，他將有一週的時間沒有電視可看，也沒有電動可玩。但後來他適應得很好，也結交了新朋友，到了最後一天竟然不想離開了。現在他每年都會和父母同來並充滿期待。他今年已經十六歲了。

聖默然

所謂「聖默然」是指覺知且有意的保持安靜。有時人們會以為靜默一定很嚴肅，但在聖默然中卻是輕鬆愉快的。聖默然是一種洋溢著喜悅的靜默，那種喜悅的程度絲毫不亞於歡笑。

聖默然讓我們有機會看到我們的習氣如何顯現在我們與周遭人事物的應對上。我們道場裡有些人選擇修習一、兩週，甚至三個月或更久的靜默。經過長期的靜默，我們可以改變自己回應各種情況的方法。這種靜默之所以叫做聖默然，是因為它具有療癒的力量。修習聖默然時，不只是禁語，還要停止與平息你的思想。你要關掉內在那個「不停思考電台」。

從一個人的行為表現就有可能看出他們是否處於聖默然。有些人的外表一直保持著靜默，但那並非真正的靜默，因為他們的心依舊四處游移，沒有真正活在當下，沒有真正面對生命、自己或他人。有些人則擺出一種不言而喻的態度，儘管嘴巴緊閉，行為卻已說明一切。也許你曾有過這樣的經驗，和某個人在一起，他或她雖然什麼話也沒說，但你還是明顯感受到對方正在批評你。這並不是聖默然，因為聖默然會帶來了解與慈悲。因此千萬要小心，即使你什麼也沒說，但你的內心可能反應強烈，而人們透過你的外表便什麼都明白了。

正念呼吸，覺知自己對周遭人事物的反應，是一種深刻的練習。在正念中，你既不反應，也不思考，而是讓自己完全活在當下。你修習正念，與呼吸、腳步、樹木、花朵、藍天與陽光同在。

你可以選擇你想要專注於什麼，然後你就成為什麼。你可以選擇成為自己的吸氣與吐氣。你可以選擇全神貫注地聆聽雨聲或風聲，然後自然而然地與風雨合一。

這樣的聆聽會讓人感到非常喜悅。當你觸及這些令人精神一振又能療癒人心的元素，你便存在著，而非思考著。

如此練習下來，當你聽到汽車的喇叭聲或人們的吼叫聲時，或者看見令人不悅的景象時，你便能以慈悲心回應。無論面對何種挑釁，你都能保持聖默然，維持你的鎮定與平靜。

靜默的行動

有些人可能會以為靜默是一種軟弱或遁世的形式，但其實靜默具有很強大的力量。在著名的佛教經典《法華經》裡，有一章提到一位具有大悲心的菩薩（bodhisattva），名為「藥王」。在大乘佛教裡，每位菩薩都被形容為佛陀的左右手，每位菩薩也都各自代表一種懿行。而在《藥王菩薩品》中說到該菩薩的前世，名為「一切眾生憙見菩薩」。我們不時會遇見這樣的人，大家也都樂於見到這樣的人。無論他們是小孩或大人，風采是如此美妙、清新且令人愉悅，因此每個人都喜歡看見他們。

藥王菩薩修習布施供養與愛。我們需要愛來圓滿菩提行嗎？答案是肯定的。愛在小孩成長過程中是很重要的。同樣地，愛在正知見的成長過程中也是很重要的。母親的真心關愛對嬰兒的成長是重要的，而老師與同修道友的真心關愛對我們的修行提升也是很重要的。我們需要愛才能成長與茁壯。

藥王精進修行，並證得解脫與智慧。他已經超越身見，不再執著自我，並精通「現一切色身三昧」。他可以視情況需要而示現為小孩、女人或商人等。他不執著於此世的肉身，因此能輕易地放下身體。藥王看見自己周遭有許多苦難、貧窮與悲慘，於是他將香油倒滿全身，用三昧真火點燃自己，燃身供佛。藥王菩薩的身體燃燒了數百萬年；在這段時間裡，教化默默地進行著。他的燃身是個靜默的提醒，希望讓所有目睹者都能看見他願意自我犧牲的精神。

你可能聽過在一九六〇年代戰爭期間自焚的越南僧侶。他們的這項義行便是根源於《法華經》的這一章。不執著此身為自我者，有時便會選擇用這個身體來傳遞某個訊息。當越南僧侶自焚時，他們嘗試要傳遞一個無言的訊息，而那是他們所能表達最強烈的訊息，因為當時沒有人聽到當地受苦者的哀號求救。這些僧侶藉由行動而非語言嘗試要說明的是，在越南存在著壓迫、歧視與受苦。他們以自己的身體為火炬，希望讓世人看清楚這個苦難的真相。

如果你的心尚未解脫，或者你認為這個身體就是你，或者你以為當身體瓦解時你便不復存在，那麼你便無法表現出這一種行動。唯有當你達到解脫，認清自己不拘泥於一種形式，不受限於這個身體時，你才有勇氣與智慧以己為火炬。

第一個自焚的僧人名為釋廣德（Thich Quang Duc），事情發生在一九六三年。我認識釋廣德本人，他是個很慈祥的人。我早年出家時，便住在他位於西貢（Saigon）的寺院裡。那時候我是一本佛學雜誌的編輯，並在研習其他的宗教傳統，而他的寺院裡收集了許多期刊書籍可供我研究之用。

當時釋廣德寫了一封感人的信給（南）越南總統，勸政府停止迫害佛教徒。他是由僧俗二眾組成的大型非暴力抗爭運動的一員，旨在回應日益升高的流血事件。有一天釋廣德開著一輛舊車到西貢市區的某個十字路口。他走下車，往自己身上淋滿汽油，然後以優美的蓮花坐姿盤腿坐下，點燃火柴。五個小時後，他坐在路中央陷入熊熊火焰的相片傳遍全世界，世人此時才知道越南人民所受到的苦難。一、兩個月後，該政權就被軍事政變推翻了，終結了宗教歧視與迫害的政策。

我看了紐約時報的報導得知釋廣德的死訊，而那時候我在紐約哥倫比亞大學教授佛教心理學的課程。許多人都問了同樣的問題：「這麼做不是違犯了不殺生的戒律嗎？」於是我寫了一封信給小馬丁．路德．金恩博士（Dr. Martin Luther King Jr.），與他分享我的想法，說明這其實並非自殺。自殺的人是處於絕望中，再也不想活在世上。但釋廣德並非如此，他想活，他希望自己的朋友與其他眾生也能活。他熱愛生命，但他心解脫的程度已經足以讓他獻出自己的身體以傳遞這個訊息：「我們在受苦，我們需要你們的協助。」因為他的大悲心，所以才能穩定地坐在火中，進入甚深三昧。我也與金恩博士分享我對耶穌的理解，當耶穌被釘在十字架上時，是選擇為了利益他人而犧牲；他並非出於絕望才這麼做，而是發自助人的心願。這正是釋廣德想要做的事。他執行這項行動並非出於絕望，而是發自希望與愛，用他的身體來改變絕望的情況。

這種焚身是一種供養。釋廣德與藥王以自焚的行動想貢獻的不只是他們的身體，更包含他們想要幫助其他眾生的強烈決心。那份非凡的決心是他們戲劇性行動的基礎，而這個行動成功地傳遞了令人永遠難以忘懷的訊息，也靜靜地傳達了他們的智慧，其影響無遠弗屆。

我說這個故事並不是要鼓勵你們做這麼極端的事，只是要說明靜默的行動所帶有的力量。我們都想要改變某些事，或者想要說服別人。如果你在工作或人際關係上有一些想要改變的小事，而你嘗試說了卻無結果，那麼請考慮靜默的行動所可能產生的力量。

練習：自我療癒

如果你的日常生活充滿時間壓力、噪音或紛擾，那麼你很容易就會忘記覺知周遭美好與激勵人心的各種元素，例如清新的空氣、陽光與綠樹等等。

以下的練習隨時隨地都可以做。你只需要一個可以舒服地呼吸、放鬆與微笑的地方。微笑會放鬆你臉部的所有肌肉，抒解身心，因此別只是說「微笑」這個詞，要真的去做。你也可以創作屬於自己的修心偈頌。

你可以藉由接觸周遭的療癒元素而讓自己恢復元氣，也可以從藏識中提取清新的畫面來提振精神。例如，當你身處繁忙的城市中，可以回想在山中或海邊的情景。

吸氣，我覺知空氣。

吐氣，我享受呼吸空氣。

（覺知空氣。感受喜悅。）

吸氣，我覺知陽光。
吐氣，我對陽光微笑。
（覺知陽光。微笑。）

吸氣，我覺知樹木。
吐氣，我對樹本微笑。
（覺知樹木。微笑。）

吸氣，我覺知孩童。
吐氣，我對孩童微笑。
（覺知孩童。微笑。）

吸氣，我覺知鄉間空氣。
吐氣，我對鄉間空氣微笑。

（鄉間空氣。微笑。）

我們經常匆匆忙忙地進食，有時候甚至連坐下來的時間都沒有。如果你是處於這樣的情況，請讓自己有機會像個正常人一樣，正念分明地進食，而非如奔跑的機器人。在進食之前，先花點時間坐下來，感覺椅子（或土地）支撐著你的重量。平靜你的思緒，觀想食物與它的來源。土地、陽光、雨水、農夫與許多的因緣和合，這個食物才會來到你的面前。你應該覺知自己有食物可吃是多麼幸運的事，世上很多人是處於飢餓中的。

當你坐下來與他人一起享用食物時，要對食物與一起用餐的人保持覺知。這可以是一個和合僧團的歡聚時刻。

吸氣，我覺知盤中的食物。
吐氣，我感謝有食物可吃。

（覺知食物。感恩。）

吸氣，我覺知田地。
吐氣，我對田地微笑。
（覺知田地。微笑。）

吸氣，我覺知構成這個食物的眾多因緣。
吐氣，我感謝一切因緣。
（覺知因緣。感恩。）

吸氣，我覺知與我一起進食的人。
吐氣，我感謝他們的存在。
（一起進食。感恩。）

四

諦聽

Deep listening

花些時間以慈悲心聆聽自己內在的小孩，
聆聽心裡那些吵著要被聽見的事物，
然後你才會知道如何聆聽別人。

大多數的時間裡，我們的腦袋都充斥著各種念頭，沒有空間去聆聽自己或別人。我們從父母和學校那裡學到必須記住許多事，也必須記住許多文字、主張與概念，我們認為這樣的心智積累對生活是有用的。可是當我們想要和別人進行真正的交談時，才發現自己很難傾聽並理解對方。靜默則會帶來諦聽與正念回應，這是完整與誠實溝通的關鍵。

不少一起生活很久的夫妻前來我們的道場修習正念，因為他們再也無法聆聽彼此。有時候其中一位會對我說：「根本沒用，她就是不聽。」或者：「他從來都不肯改變，對他說話就像對牛彈琴。」但很可能抱怨的那一位才是無法聆聽的人。我們每個人都希望伴侶了解我們，但我們也需要去了解他們。

事實上，我們許多人只是超載了。我們似乎根本沒有聆聽與了解別人的空間。我們的腦袋必須想很多工作上的事，一天八、九個小時，毫無休止。在這段時間裡，除了思慮，我們很少有機會去注意自己的呼吸或其他事情。我們相信這是成功必然要付出的代價。

輕鬆自在地聆聽

最近我遇到一位巴黎來的運動生理學家，她請我為她提供一些工作上的指引。她希望知道如何能更有效率地執行健康顧問的工作，為客戶帶來最大的利益。「如果妳能保持輕鬆與開放的心，」我告訴她，「那麼妳的話語會具有深刻的洞見，那便能帶來真正的溝通。」我與她分享以下這段話。

為了修習正語，
我們必須先下工夫深觀自己及我們眼前的人，
如此一來，我們的話語才能創造相互的了解，
消除彼此的痛苦。

我們當然只會說自認為正確的話，但有時候我們的表達方式可能令對方無法接受，因此話語便無法達到原先期望的效果，無助於釐清與了解。我們必須自問：我是為了說而說，還是我認為這些話語能幫助別人療癒？當我們帶著慈悲心而說，基於愛與對彼此連結（相即相入）的覺知而說，那麼我們的話語就可稱為正語（right speech）。

當我們聽到別人的問題或評論時，我們並沒有花時間聆聽與觀察對方想要分享的內容，而是快速搶答。而當我們做出一個快速的回答時，通常只是滔滔不絕地講出自己知道的，或只是出於情緒的反應。那麼做並無任何助益。

下次當有人問你問題時，別立即回答。先領受對方的問題或意見，讓它進入你的內心，這樣說話者才會感覺到自己真的被聆聽。我們所有人，尤其是那些專業的助人者，都可以藉由這項技巧而獲益。熟能生巧。最重要的是，要記得，如果我們沒有深入聆聽自己，就無法諦聽別人。

如果我們想要感到輕鬆、自在又怡然自得，就必須陶冶自己的心性。必須經過練習才能尋回這種開闊的心。而唯有當我們打開內在的空間，才能夠真正幫助別人。不管是在散步或搭公車，無論在哪裡，我們很容易就能看出某個人是否具有開闊的心。也許你也遇過這樣的人——你甚至跟對方並不熟，但和他在一起就是感覺很舒服，因為他是輕鬆自在的，他並不會預設立場且充滿成見。

如果你打開自己的內在空間，你會發現本來一直避著你的人（你十幾歲的女兒、爭吵中的伴侶或父母），將會願意親近你。你不必做任何事，或試著教他們任何事，甚至無須說任何話。如果你好好修習，創造自己的內在空間與寂靜，別人會被你的開闊所吸引。因為你自在的風采，在你周圍的人也會感覺安適。

這便是無行（nonaction）的美德。停止思考，把心帶回身體，真正存在著。無行是很重要的，它和被動或遲鈍並不一樣；它是充滿力量和創造性的開放狀態。我們只需要坐在那裡，保持覺醒，保持自在；當別人與我們同坐時，也會立即感到輕鬆自在。即使我們沒有「做」任何事，別人還是能從我們身上獲益。

以慈悲心聆聽是成為真正的朋友、真正的同事、真正的父母與真正的伴侶的要件。你不必是心理健康的專家也能好好地聆聽別人的話語。事實上，許多心理治療師還無法做到這一點！因為他們自己的內心也充滿苦痛。他們研習心理學多年，知道許多相關的技巧，但是他們心裡依然有無法治癒與轉化的痛苦，不然就是無法給自己足夠的喜樂，以平衡他們從客戶那裡接受到的一切苦痛，如此一來他們便無法有效地幫助別人。人們付了許多錢給這些治療師，每週固定回診，希望能獲得心理的療癒；但如果這些治療師不能以慈悲心聆聽自己，就無法幫助他人。治療師與諮商師也是人，和其他所有人一樣會感到痛苦，他們聆聽別人的能力取決於他們慈悲地聆聽自己的能力。

一個人的內心必須平靜了，才能夠幫助別人。藉由每一個腳步、每一個呼吸，我們可以創造出這樣的平靜，然後我們對別人才會有所助益，否則我們只是在浪費別人的時間——如果我們是專業人士的話，則是在賺取別人的錢。我們所有人最迫切需要的，是身體與心靈的自在、輕鬆與安穩。唯有如此，我們才有可能真正地聆聽別人。

諦聽需要一些練習。每天撥出一些時間給你的呼吸與腳步，把你的心帶回你的身體——記得你有一個身體！每天花些時間以慈悲心聆聽自己內在的小孩，聆聽心裡那些吵著要被聽見的事物，然後你才會知道如何聆聽別人。

聆聽鐘聲

世界上不少文化都以鐘聲來凝聚人們，創造內在與外在的和諧。在許多亞洲國家，每個家庭裡至少都有一個小鐘。你可以使用任何你聽來覺得悅耳的鐘聲，用那個鐘聲來提醒自己，覺知呼吸，平靜內心，回歸身體，照顧自己。在佛教裡，鐘聲被認為是佛陀的聲音。停止談話，停止思考，回到呼吸上，全神貫注地聆聽。

這樣的聆聽方式會讓平靜與喜悅滲入你的每個細胞。你不只用耳朵與頭腦聽，而是邀請身體的所有細胞一起來聆聽鐘聲。

一個鐘不會占據你太多空間。無論你住在哪裡，即使與別人共享一個小房間，一定都可以在桌子或書架上的某處擺個鐘。在你將鐘帶回家之前，請確保鐘聲是好的。這個鐘不用太大，但聲音一定要讓人覺得愉悅。

每次聆聽並領受鐘聲時，請先做好準備。不是「敲」鐘，而是「邀請」鐘聲。把鐘視為朋友，一個幫助你覺醒並找回自己的覺者。如果你願意的話，可以把鐘擺在一個小墊子上——就像所有坐禪的菩薩一樣。

當你聆聽鐘聲時，練習呼吸並放鬆一切累積的壓力，放下身體不停行動、腦袋轉個不停的習慣。雖然你可能是坐著的，但你的心經常還在快速奔馳。而鐘是讓你找回自己的良機，享受一吸一吐，放鬆緊張壓力，達到完全的靜止。鐘，以及你對它的反應，會幫助你停下思想與情緒的失控列車，阻止它們日以繼夜地競逐下去。

一早在你上班前或小孩上學前，大家可以一起坐下來，在三聲鐘響裡享受呼吸。以這樣的方式，在平靜與喜悅的心情中展開一天的工作。無論是獨自一人或與家人一起練習靜坐呼吸，看著家中某個有意義的象徵物或窗外的樹，對它微笑，是很好的修習方式。這樣的方式可以變成一種規律的練習，一種可靠的心靈皈依，就在自己的屋子或公寓裡。它不會花很多時間，卻會帶來豐厚的回報。這是一種美麗的修行，是在家裡進行的平靜、和諧、安住當下的修習。

正念呼吸的房間

你可以騰出一個房間或一個地方供禪修之用。不需要很大的空間，即使是一個小角落也沒問題，只要是一個為靜心與禪觀而保留的僻靜處即可。這是你呼吸的房間，一個小禪室。當家裡有人坐在那個僻靜處時，其他人就不可以進去和他說話。你們必須彼此都同意，這是保留給平靜與祥和的空間。

我鼓勵你和家中所有成員一起坐下來，讓大家一致同意並接受，無論何時，只要家裡出現喧鬧、沉重或緊張的氣氛時，任何人都有權進入這個房間，邀請鐘聲，然後眾人聽到鐘聲後一起練習正念呼吸，努力恢復暫時被放逸或不善的身口意行遮蔽的平靜、安穩與愛。

無論何時，只要誰有煩惱或感到痛苦不安，他便有權進入那個空間，坐下來，邀請鐘聲，修習正念呼吸。而當有人這麼做時，屋裡其他人都必須尊重他。如果他們是好的修行者，就會停止手邊的工作，聆聽鐘聲，加入正念呼吸。如果他們想要的話，也可以進入僻靜處一起修行。

如果你的伴侶心情不好，或室友有些煩惱時，你都可以提醒對方：「我們一起聆聽鐘聲，修習正念呼吸幾分鐘好嗎？」這是很容易做到的事。或者假設你的孩子對某件事感到憤怒。你聽到鐘聲，知道孩子正在做正念呼吸，於是你暫停手邊的工作，跟著享受吸氣與吐氣。你用行動支持你的孩子。在就寢前，如果大家能一起坐下來享受三聲鐘響、九次呼吸，也是不錯的做法。

以這樣的方式修習正念呼吸，便能共享平靜與和諧。我稱此為真正的文明。你不需要許多現代玩意兒才能變得文明。你只需要一個小鐘，一個安靜的空間，以及你的一呼一吸。

和祖先們一起聆聽

人們通常都認為祖先已經死了，但其實不然。因為我們還在這裡，我們活著，我們的祖先也繼續活在我們裡面。我們的祖先已經把他們自己傳給我們，包括他們的才智、經驗、快樂與痛苦都一併傳下來了。他們完全存在於我們身體的每個細胞裡。我們的父母也都在我們裡面，我們無法將他們排除在外。

當我們聆聽鐘聲時，可以邀請身體所有的細胞加入聆聽，同時我們的歷代祖先們也會加入了聆聽的行列。如果我們知道如何聆聽，平靜便能滲入身體的每個細胞裡。不只我們享受著這種平穩與放鬆的感覺，我們身體裡面的所有祖先也將得以享受當下美妙的一刻。也許在他們的生命裡曾有許多的苦痛，沒有太多喜悅的機會。但現在機會來了，因為他們就活在你裡面。

我們常以為聆聽就是指聽聽周遭的那些聲音，但其實有各種不同的聆聽。如前所述，聆聽自己是好好聆聽別人的第一步。如果我們聆聽自己的內心，就會發現根本沒有單獨存在的聲音，沒有憑空出現的單獨自我。這是透過修習正念而來的洞見：我們將會發現自己與前人是如何緊密地連結在一起。我們是細胞的聚合體，所有祖先都在我們裡面。我們可以聽到他們的聲音，我們只要聆聽就好了。

不要掉入話語的陷阱

如果我們每天都修習靜默，即使只有幾分鐘，我們便可以逐漸遠離話語的陷阱。習於靜默，我們如飛鳥般自在，觸及事物的深奧本質。

無言通（Vo Ngon Thong），越南禪宗的奠基者之一，曾經寫道：「汝且莫再問，自性本無言。」要修習說話的正念，必須先修習靜默。然後我們才能仔細檢視自己有哪些見解、哪些心結可能會影響我們的思考。靜默是深觀的最佳基礎。孔子云：「天何言哉！」然而，如果我們知道如何聆聽的話，上天會告訴我們許多事。

若我們由寂靜之心聆聽，
則一切鳥鳴與松濤，
皆會對我們言語。

我們都想要與自己所愛的人溝通，而有許多不需要言語的溝通方式。一旦我們使用話語，便很容易把它們變成標籤。我們認為這些標籤是真實的。舉例而言，諸如「雜務」、「小孩」、「聆聽」、「男人」與「女人」等等這些用詞，會給大腦帶來某些畫面或假設，反而讓人看不清心智建構背後完整且不斷演進的實況。如果我們真的想要與自己所愛的人溝通，我們需要清楚覺知非言語的溝通方式，無論是有意識的或無意識的。

心識的斷食

許多文化為了宗教節日、入會儀式或其他原因，都會選在某段特定的時間進行齋戒。有些人則為了健康的理由而斷食。這麼做不只對身體有益，對心識也很好。我們每天都會攝入大量的文字、圖像與聲音，有時確實必須停止吸收這一切，好讓心靈可以好好休息。一天沒有電子郵件、影片、書籍與談話之類的感官食物，是清空頭腦，放下恐懼、焦慮與痛苦的好機會，否則這些想法與感受會持續湧入心識，並且不斷累積。

就算你不認為自己可以一整天都不去接觸這些東西，至少你還是可以休息一會兒——徹底暫停，如果你願意的話。今日多數人似乎都無法過著沒有「配音」的生活。只要他們是獨自一人（走在街上、開車、搭公車或火車，或只是暫時外出），甚或是面對工作夥伴或所愛的人，他們都會想要立即填滿腦袋裡的空隙。如果你下定決心在真正的靜默中只做一件事，無論是開車、準備早餐，或在街上行走，你將得以暫時脫離源源不斷的刺激。

我認識一位女士，她發現超市播放的音樂讓她感到非常哀傷，因為那些歌曲會讓她想起生命中的艱辛歲月，她變得專注於那些回憶而非購物。當她體悟到這一點，她做了一個照顧自己心識的明智選擇。現在她每次去超市買東西時都會戴上耳塞，以免自己受到音樂的影響而分神感傷。

然而，要斷絕聲音不一定要戴上耳塞。你只要每天花個幾分鐘的時間，有意地保持靜默。沒有外來的語言干擾，放下腦袋裡的叨叨絮絮，讓自己有幾分鐘的機會，真正地聆聽自己。這將是你給自己最有意義的禮物，同時也是給別人的禮物，因為它能幫助你全心全意地聆聽他們。

練習：四句真言

練習這四句真言是任何人都可以做的事，包括小孩在內。這些真言可以幫助你培養諦聽與活在當下的能力，讓你能夠真實地面對自己與所愛的人。真言是一種能立即轉化眼前情況的神奇咒語，你將無須等待結果的發生。而讓這種練習有效的關鍵，在於正念與定力。少了這些元素，它便無法奏效。

說真言的重點在於，停下你的思考，讓內心感到平靜與開闊。若非如此，你無法為了對方而真正存在。即使對方做出什麼反應，你依然要維持平靜與開闊的心。尤其當你說出第三句與第四句真言時，如果對方有什麼話想要說，請你務必跟隨呼吸，安靜且耐心地聆聽，不要加以批評或回應。當你說出這四句真言時，你的內心平靜，你慎選語詞，而你的目的則是促進療癒、和好與相互了解。你是在打開自己的內在空間，並將這個空間獻給對方。

第一句真言是：「親愛的，我為你而在。」

當你愛著某個人時，你一定會希望將自己所擁有的最好的東西給他，而那個東西就是你的真實存在。只有當你存在**此處**，真正地存在時，你才能愛。光說這句真言並沒有用，你必須練習真的存在當下，而方法則是藉由正念呼吸、正念行走，或任何有助於你安住當下的練習，你必須為了自己與所愛的人，成為一個自由的人。首先你必須對自己說這句真言，找回自己，創造內在的靜默與空間，這樣你才能真正地為了對方而存在，並心口合一地說出這句真言。

第二句真言是：「親愛的，我知道你在，我很幸福。」

愛意味著承認所愛者的存在。而唯有當你準備好說出第一句真言了，才有可能做到第二句。除非你百分之百存在此處，否則你無法完全看到對方的存在，而對方可能也沒有真正感受到被愛。

當你存在並且正念分明時，便能察覺你所愛的人正在受苦。在那一刻，全神貫注地練習存在當下。然後，說出**第三句真言：「親愛的，我知道你在痛苦，因此我為你而在。」**

當人們在痛苦時，會希望所愛的人知道自己的痛苦，這是合乎人性且自然的。如果他們所愛的人不知道或忽視他們的痛苦，那麼他們會更加痛苦。因此用這句真言來傳達你了解對方的心意：讓對方知道你看到他的痛苦。在你**做出**任何協助的舉動之前，有了這句話，對方的痛苦就已經減輕了。

第四句真言是：「親愛的，我在痛苦，請你幫助我。」

你不會經常需要用到這句真言（但它在你真正需要時是很強大的）。這句話是當你自己感到痛苦時需要加以練習的，尤其是當你認為這種痛苦是對方所造成的。如果你的痛苦是你最愛的人所造成的，你會更加痛苦。因此你去找那個人，帶著正念與定力，說出第四句真言：「親愛的，我很痛苦，請幫助我。」這麼做可能很困難，但只要稍加訓練，你一定可以辦得到。當你感到痛苦時，常會習慣性地想要獨處。即使對方想要靠近你，與你和解，你還是不願意放下自己的憤怒。這是很正常且合乎人性的。但當我們彼此相愛時，我們真的需要彼此，尤其是在痛苦的時候。你認為自己的痛苦來自於對方，但你真的如此確定嗎？很可能你是錯的。也許對方並無意傷害你，也許你誤會了，或是你抱持了錯誤的心理印象。

別倉促地說出這句真言。當你準備好時，才去找對方，深呼吸，找回全然的自己。然後全心全意地說出這句真言。你或許不想這麼做，你或許認為自己並不需要對方，畢竟你的自尊心已經深深受傷。但別讓自尊擋在你與所愛的人之間。真愛之中並無自尊。如果自尊依然存在，那麼你必須練習將愛轉變成真愛。經常練習行禪、坐禪與正念呼吸，可以幫助你找回自己，同時也有助於你做好準備，以便在下次感到痛苦時，使用這第四句真言。

五

寂止的力量

The power of stillness

你握有自己的主控權。你是做決定的國王。
你走路是因為你想要走路，
在每一步中你都是自由的。

我記得一九四七年在越南順化的時候，當時我是報國寺（Bao Quoc Temple）佛學院的學生，該寺離我的本寺（我剃度出家與平時居住的寺院）並沒有太遠。那時法軍占據了整個區域，並在順化設立軍事基地。我們周遭經常發生法軍與越軍的槍戰，住在山丘高處的人設置了一個小型防禦堡壘。每到夜晚村民都緊閉門窗，以免遭到戰火波及。早晨當他們醒來時，有時會發現前一晚戰死的屍體，路上還有石灰混著血液寫下的標語。僧人偶爾會走到較偏遠的路徑，但其他人大都不敢經過那裡，尤其是順化居民，因為他們才剛從撤離區過來。即使報國寺離火車站很近，但幾乎沒有人敢冒險前往，這就足以說明一切。

一天早晨我從報國寺出發返回我的本寺，那是每個月一次的例行探視。當時天色還很早，青草尖上都還留著露珠。我的布袋裡裝著袈裟與幾本經書，手裡則拿著傳統的越南斗笠。想到即將見到我的老師、師兄弟與古老寶剎，我便感到輕鬆愉悅。

我才剛經過山丘便聽到一聲呼喊。在山丘的道路上，我看見一名法國軍人朝我揮手。我以為他是在取笑我是個和尚，所以我便轉身繼續往下走。突然間，我感覺這並非開玩笑，因為我聽到軍靴逼近的腳步聲。我心想也許他想要搜我身，我攜帶的布袋可能令他起疑。於是我停下腳步，站在那裡等著。一個臉龐瘦削英俊的年輕軍人走過來。

「你要去哪裡？」他用越南話問我。從他的發音，我知道他是個法國人，對越南話並不熟悉。

我以法語微笑著問他：「如果我以越南話回答，你聽得懂嗎？」

當他聽到我會說法語時，立刻笑了開來。他說他無意搜查我，只是想問我一些問題。「我想知道你從哪座寺院來的。」他說。

當我告訴他我住在報國寺時，他似乎很感興趣。

「報國寺，」他重複了一次，「是那座位在山上、靠近車站的大寺院嗎？」

我點點頭，他則伸手指向山丘旁的水泵間，那顯然是他站崗的哨站，他說：「如果你不趕時間的話，請和我上去那裡聊一會兒。」於是我們便到哨站附近坐下來，他告訴我他和其他五位軍人十天前到報國寺去的經歷。那天晚上，他們十點去到寺院，搜查是否有反抗軍「越南獨立同盟」（Vietminh，以下簡稱「越盟」）的蹤跡，據傳他們聚集在那裡。

「我們一定得找出他們，當時大夥兒都帶著槍。我們接到的命令是逮捕，必要時甚至可以射殺對方。但當我們進入寺院時，大家都楞住了。」

「因為有很多越盟？」

「不！不！」他大聲說：「如果是看到越盟的人，我們不會楞住，無論有多少人，我們都會立刻攻擊。」

我有些困惑，「那是什麼事讓你們如此驚訝呢？」

「情況完全出乎我們的意料。過去我們每次執行搜查任務時，人們都會跑開或驚慌失措。」

「他們已經被嚇了很多次，所以才會怕得跑開。」我解釋道。

「我自己並沒有恐嚇或威脅人的習慣，」他回答，「也許他們先前曾經遭受其他法軍的傷害，所以才會這麼害怕。

「但當我們踏進報國寺時，就像進入一個完全荒廢的地方。油燈非常昏暗，我們刻意大聲地踏在碎石地上，我直覺寺裡應該有許多人，卻聽不到半點聲音。那真是不可思議的寧靜。有個同伴的叫喊聲讓我很不舒服，但沒有任何人回應。我打開手電筒，照向原本以為空無一人的室內，結果我看到那裡有五、六十個端坐不動的禪修僧人。」

「那是因為你們在我們晚間禪坐的時候前來。」我點頭說。

「是的。我們就像撞到一股奇異且無形的力量，」他說：「我們被嚇了一跳，趕緊轉身走回庭院。那些僧人完全無視我們的存在！他們並未出聲回應，也沒有露出驚慌或恐懼的表情。」

「他們並非無視於你們，他們只是在修習呼吸的禪法。」

「我被他們的平靜所吸引，」他承認，「那真的令我肅然起敬。我們靜靜地站在院子裡的一棵大樹下，等了大約半小時。然後響起一連串的鐘聲，接著寺院才恢復平常的活動。有個僧人拿著一支火炬邀請我們進去，但我們表明了來意之後便轉身離開。從那天起，我改變了自己對越南人民的觀感。

「我們當中有許多年輕人，」他繼續說：「我們都很想家，非常想念自己的家人與故鄉。我們被派來這裡殺死越盟的人，但不確定真的可以殺死他們，還是被他們殺死而永遠回不了家。看見這裡的人們為了改善困苦的生活而辛勤工作，讓我想到自己在法國的親友。這些僧人平靜祥和的生活讓我反思這個地球上全體人類的生活。我不知道我們為什麼會來到這個地方。我們與越盟之間到底存在著怎樣的仇恨，以致於我們得大老遠跑來這裡對抗他們？」

我深受感動，伸出手握住他的手。我告訴他一位朋友從軍與法國打戰的故事。我這個朋友打了許多勝仗，有一天他來到我所在的寺院，流著眼淚抱住我。他告訴我在一次攻擊期間，當時他隱身在一堆岩石後面，他看見兩個年輕法國軍人正坐著聊天。「當我看見那些男孩明亮、俊俏又天真的臉龐時，」他說：「我實在不忍心開槍，親愛的兄弟。人們可能會給我貼上軟弱無能的標籤，他們可能會說如果所有越盟戰士都像我一樣，那我們的國家很快就會被擊垮。但那時候我愛敵人就如我母親愛我一般！我知道那兩個年輕人的死會令他們的母親難過不已，就如同我的母親為了我弟弟的死亡而悲慟。」

「因此你看，」我對眼前這個法國軍人說：「那位年輕越南軍人的心裡充滿了人性之愛。」

這名同樣年輕的法國軍人靜靜坐著，陷入沉思。也許他和我一樣，清楚察覺到殺戮的荒謬、戰爭的不幸，以及許多年輕人悲慘枉死的痛苦。

太陽高掛天空，該是我告別的時候了。這位軍人告訴我他的名字叫丹尼爾・馬提（Daniel Marty），二十一歲。在來越南之前才剛從高中畢業。他給我看了他母親與弟弟妹妹的相片。我們在相知相惜的氣氛下道別，他承諾週日會到寺院來看我。

到了下個月，他果然依約前來，於是我帶他到我們的禪堂與我一起禪修。我為他取了一個法名「清涼」（Thanh Luong），並教他越南語（他原本只知道軍方教他的幾個單字），幾個月之後，他已經能用越南語進行簡單的會話。他告訴我他已經不用執行搜查任務，我覺得鬆了一口氣。如果他收到家書，也會與我分享，而且每次他看到我都會合掌禮敬。

有一次我們邀請清涼前來寺裡用素齋，他很高興地接受邀約，並且讚賞我們招待他的美味黑橄欖以及各種獨具風味的佳餚。他覺得我們所準備的香菇米湯非常鮮美，很難相信那是素食，我詳細解釋製作方法後，他才願意相信。

有時候我們會並肩坐在寺塔邊，暢談靈性與文學。當我稱讚法國文學時，清涼的雙眼因祖國的文化而閃耀著驕傲的光芒。我們的友誼日益深厚。

後來有一天，清涼來到寺裡，告訴我們說他的部隊要移防了，他或許很快就能返回法國。

我們走到寺院的三門口，擁抱道別。「我會寫信給你的，兄弟。」他說。

「收到你的來信我會很高興的，而且我一定會回信。」

一個月後，我收到一封他寄來的信，內容提到他真的要返回法國，但之後會前往阿爾及利亞。他承諾會從那裡寫信給我，但自此之後便音信全無。誰知道清涼如今在哪裡呢？他安然無恙嗎？但我知道，我最後一次看著他時，他處於平靜中。寺裡的甚深寂靜已經改變他了。他心裡充滿尊重一切生命的感動，並且明白戰爭的無意義與破壞性。讓這一切改變發生的關鍵，是完全且徹底的停止的那一刻，帶他迎向強大、療癒且神奇的寂靜之海。

要想展現我們的真實本質，我們必須停止不斷的內在對話，因為它霸占了我們心裡所有的空間。我們可以從每天短暫地關掉「不停思考電台」開始，以便讓喜悅慢慢進駐心的空間。

正念呼吸

如前所述，要讓自己擺脫不停思考的習慣，最簡單的方式是修習正念呼吸。我們隨時都在呼吸，但我們很少注意它們，我們很少享受自己的呼吸。

當你專注於自己的吸氣和吐氣，注意出息與入息的整個過程，正念呼吸便是一件享受的樂事。如果你在呼吸時保持專注，那就像是與你腦部的所有細胞及身體其他部分齊聲唱和。

藉由正念呼吸，你進入內心。
你的身體正在呼吸，而它就是你的家。
在每次呼吸中，
你可以返家找回自己。

你的內心可能有許多悲傷、憤怒或寂寞。當你與自己的吸氣與吐氣連結時，你可以接觸到那些感受，不必害怕成為它們的俘虜。正念呼吸就像是在說：「別擔心，我就在家裡，我會照顧這個感受。」正念呼吸就是你的基地。如果你希望實現自己的願望，或希望與家人朋友保持緊密連結，或希望可以幫助大眾——你需要從自己的呼吸開始。在正念中的每個呼吸、每個腳步與每個動作，都會帶給你支持的力量。

修習正念比你想的更容易

許多人認為自己沒有多餘的生活空間可以修習正念。但事實是，正念的生活比較像是重新教育自己，記得自己真正的目的，而非把一個名為「禪修」的活動塞入你每日的行程裡。你不必待在禪堂或等到有空時才能修習正念，雖然那麼做的確是值得享受的美事。安靜且正念分明的呼吸是你隨時都可以做的事。如果你以一種鬆自在的方式，跟隨自己的呼吸，專注於你正在做的事情，那麼你所在的任何地方都能成為神聖的空間。

當你一早醒來還躺在床上時，你可以用正念呼吸展開一天。把握這一刻，你要做的第一件事，是注意你的吸氣與吐氣，覺知自己有嶄新的二十四小時可活。這是生命的禮物！

我剛出家成為沙彌時，必須背誦許多簡短的偈頌以幫助我修習正念。我學到的第一個偈頌就像這樣：

今晨醒來我微笑，
喜迎二十四小時；
願以深心度此日，
常懷悲憫視一切。*

這是一首四句偈。第一行適用於吸氣，第二行適用於吐氣，第三行適用於下一個吸氣，第四行則適用於下一個吐氣。當你呼吸時，以偈頌將注意力凝聚於當下行動的神聖面向。你希望能以平靜快樂的方式度過生命所賜給你的二十四個小時。你下定決心不要浪費這些寶貴的時間，因為你知道它們是生命的禮物，而你每天早晨都會重新接受這份禮物。

如果你能舒適地坐著，那麼坐禪便是修習正念呼吸的絕佳方式。不過許多人無法騰出時間來靜坐，他們無法除了呼吸之外，什麼事也不做。他們認為那麼做不經濟或太奢侈了。人們說：「時間就是金錢。」但時間其實更甚於金錢，時間就是生命。規律靜坐的簡單練習是深具療效的。停下來靜靜地坐著，是排除一切雜務專注於正念呼吸的好方式。

正如同你可以選擇在進食時關掉電視，你也可以在用餐時藉由專注於呼吸、食物與一同進食者，而關掉內在那個「不停思考電台」。當你在清理廚房或洗碗時，你可以用一種充滿覺知的方式做這些事，以關愛、喜悅與感激的心情來做。當你在刷牙時，你也可以選擇在正念中進行。別想其他的事，只要專注於刷牙就好。你可能會花兩、三分鐘的時間刷牙，而在這段時間裡，你可以清楚覺知自己的牙齒與刷牙的動作，如此一來刷牙這個動作將會帶來愉悅。當你上廁所時，你也可以享受那段時間。正念會改變你與一切事物的關係。它會幫助你真正地存在，真正地享受你正在做的一切事情。

練習正念行走也是創造快樂與療癒的機會。每次你隨著吸氣與吐氣而踏出一步

*譯按：參見《華嚴經．淨行品》：「睡眠始寤，當願眾生：一切智覺，周顧十方。」（CBETA, T10, no. 279, p. 72, a16-17）

時，你都可以細細體會雙腳接觸大地的感覺。當你在正念中踏出一步時，你便回到了自己。正念的每一步都幫助你與身體連結，它帶你回到當下。因此當你從停車場或公車站走到工作地點時，或者要走去郵局或雜貨店時，何不藉由每個充滿正念的步伐，回到**真正的家**呢？

無論在任何活動中，只要你能靜下來並保持覺知，你就有機會與自己連結。大多數的情況是，我們在走路，卻不知道自己在走路。我們站在那裡，卻不知道自己在那裡；我們的心已經跑到九霄雲外去了。我們活著，卻不知道自己是**活著**的。我們一直在迷失自己。因此，讓你的身體與心都靜下來，陪自己靜靜坐著，將是一項革命之舉。你坐下來，停止那個真空的狀態，不再迷失自己，不再心不在焉。當你坐下來時，你可以找回自己，與自己連結。這麼做並不需要手機或電腦。你只要正念地坐下來，正念地吸氣與吐氣，幾秒鐘之內你就能連接上自己。你知道當下的情況，你知道當下的身體、感受、情緒與感知。你已經回到家了，你可以好好照顧這個家。

也許你已經離開家很久了，家裡變得一團亂。想想你因為忽視當下身體的感覺，忽視內在生起的各種情緒，以及忽視錯誤認知所造成的扭曲思想與話語，而犯了多少錯呢？

真正的回家，意味著坐下來陪伴自己，重新與自己連結，如實地接受現狀。即使它是一團亂，你也可以接受它——這是重新出發的起點，以便朝著更美好的方向前進。我經常想到清涼，他能在寺院擁有那一刻甚深的寂靜，然後帶著它投入混亂的戰爭。即使我們深陷在自己的某種混亂中，每天也一定能夠找到一些靜默的空間，它將幫助我們在現實的情況中得到一絲安穩，甚至有可能為我們揭示一條走出混亂的新道路。

有一次我在北加州山上的一間寺院主持禪修。禪修剛開始時，附近起了一場森林大火。當我們在修習靜坐與行禪時，可以聽到許多直升機在上空盤旋的聲音。那不是令人愉悅的聲音。許多修習者，包括我自己在內，不是越南人就是越裔美國人，對我們來說，直升機的聲音就代表槍炮、死亡、炸彈與更多死亡。我們都經歷過一場殘酷的戰爭，聽到直升機的聲音讓人覺得惶惶不安，因為那會讓人想起那場暴行。即使是對那些沒有經歷過戰爭的修習者，那個聲音同樣擾人。

但直升機暫時不會離開，我們也一樣。所以我們選擇練習以正念聆聽直升機的聲音。聽到悅耳的聲音，例如鐘聲，人們會**想要**集中於那上面；把注意力集中在悅耳的聲音，很容易便能生起臨在與快樂的感受。而現在我們必須學習如何以正面的態度專注於直升機的聲音。藉由正念，我們可以提醒那個敏感的自我，這不是戰爭中的直升機，這些直升機正在幫助人們撲滅奪命的大火。藉由這樣的覺知，我們可以將不悅的感受轉化為感謝與諒解。由於這些直升機的聲音來得非常頻繁，每隔幾分鐘就一次，如果我們不這樣修習正念，它將令人難以忍受。

因此禪修道場裡將近六百個人，每個人都伴隨著直升機的聲音修習正念呼吸。我們在心裡默唸聆聽鐘聲的偈頌，只是因應情況稍作修改：

我聆聽。

我聆聽。
這直升機的聲音
帶我回到當下。

結果我們適應得非常好，我們讓直升機的聲音變得有益修習。

給生命五分鐘

如果你才剛開始修習正念，嘗試每天花五分鐘的時間，安靜且正念地走路。當你獨自一個人時，想走多慢都可以。你可能會發現慢慢走比較容易，隨著每個吸氣踏一步，再隨著每個吐氣踏一步。當你吸氣時，踏出一步；隨著那一步，那一個入息，你的思慮心完全停止。如果它尚未停止，那麼就暫停下來，待在原地正念地吸氣吐氣，直到你完全停止思考為止。你會感覺得到它。在正念分明的存在狀態中，身體與心理都會產生改變。

如果你能像這樣成功地踏出第一步，你就可以像這樣再踏出第二步。就從五分鐘開始，你會發現自己很喜歡這麼做，一天會想做上好幾次。

人們總是忙忙碌碌的，我們一直被從當下拉走，沒有機會真正地活出生命。正念可以覺知此事，這便是覺悟。我們就從這個覺悟、這個覺知開始：我們真的很想活出自己的生命，我們真的很想停下來，不再被從生命的當下帶走。藉由修習正念靜坐、正念呼吸、正念行走，甚或是在刷牙的時候保持正念，我們都**能夠**停下來。停止的練習可以落實在任何時刻，包括開車時。

你是解脫的；你得到自由。
藉由這種自由，藉由這種解脫，
療癒變得可能。生命變得可能。喜悅變得可能。

今日人們談論著工作與生活的平衡。我們傾向認為工作是一回事，而生活又是另外一回事；但不必然如此。在你開車去上班並在停車場停妥車子之後，你可以選擇正念且快樂地走進辦公室，或者是分心且匆忙地走。反正你都必須走那段路。如果你知道**如何**走路，如何在走路時為自己而在，那麼從停車場到辦公室的每一步，都能為你帶來喜悅與快樂。你可以藉著每一步，釋放身體的壓力，也可以藉由它們接觸到生命的奇蹟。

當你以正念行走時，你投入百分百的自己在走路中。你清楚覺知自己的每一步，你清醒地走路，而非習慣的能量推著你走。你握有自己的主控權。你是做決定的國王。你走路是因為你想要走路，在每一步中你都是自由的。你自覺地踏出每一步，每一個正念的步伐都會帶你接觸到當下可用的生命奇蹟。以正念行走，你的身心完全投入在每一步中。這正是為什麼在走路時不要去思考的原因。如果你陷入思考，這個思慮會把走路從你這裡偷走。不要說話，因為說話也會讓你失去走路。

像這樣走路是很快樂的事。當你具足正念與定時，你是完全的自己；你不會失去自己。你如佛陀般走路。若無正念，你可能會認為走路是一種負擔或勞務。若有正念，你則會視走路為生命。

同樣地，當你用餐後洗盤子時，你抱持怎樣的態度做這件事，將決定它是單調沉悶的工作，或是真正的生命時刻。有個洗盤子的方式可以幫助你享受每一分鐘，當你在擦地板或準備早餐時，也可以使用這個方法——正念分明地做一件事，那麼它就是**生命**，而非**工作**。

那些堅持生活有別於工作者，將大部分的生命都耗費在勞務上，而非生活。我們必須設法將正念、空間與喜悅帶入我們的一切活動中，而非只有在進行一些像是玩樂或禪修的事時，才可以修習正念或享受喜樂。如果我們將正念帶入日常生活的每個部分，一次五分鐘，那麼生活與工作之間的想像鴻溝就會消失，每個部分都是屬於我們自己的時間。

練習：行禪

人們說在空中、水上或火上行走是奇蹟。但對我來說，安穩地走在大地上才是真正的奇蹟。大地之母本身就是一個奇蹟。每一步都是一種奇蹟。在我們這個美麗的星球上，踏著覺知的步伐，會帶來療癒與快樂。行禪是回到當下及找回生命的絕妙方式。

當你修習行禪時，要完全覺知你的雙腳、地面，以及它們之間的連結。讓呼吸保持自然，讓步伐與呼吸協調一致。在每次吸氣時踏步，在每個吐氣時踏步。吐氣大多會比較長，因此可能得多踏幾步。在適當的地點，也許是人少之處，慢慢地走療癒效果可能會更好。隨著每個入息踏一步，每個出息踏一步。在每個入出息時，說「入」，然後「出」，或者「到」，然後「家」。隨著每個步伐，你會抵達自己真正的家，也就是當下此刻。

如果你感到失落，或置身混亂中，甚或只是覺得有點懶散，別擔心，你不必刻意修習正念呼吸、打坐或走路。呼吸本身就夠了，打坐就夠了，走路就夠了。讓你自己與行動合而為一。走就對了。

二〇〇三年的某一天，我在韓國準備帶領一次穿越首爾街區的行禪。許多人加入行走的行列，但因為有很多攝影師與記者在我們正前方擠成一團，我發現根本不可能開始走。於是我說：「親愛的佛陀，我放棄了。請您帶我走吧！」我踏出一步，前面立即開出一條道路，讓我能夠繼續前進。經過這次經驗，我寫下了以下的偈頌。如今我在修習行禪時，仍然會使用它。也許它也能幫助你。

讓佛陀呼吸。
讓佛陀行走。
我不必呼吸。
我不必行走。

佛陀在呼吸。
佛陀在行走。
我享受呼吸。
我享受行走。
只存在呼吸。
只存在行走。
沒有呼吸者。
沒有行走者。

六

專注當下
Paying attention

快樂不可能是在未來。
這非關信仰，而是體驗。

若我們經常練習向內找回自己，並且投注更多時間修習正念，我們就愈來愈能夠覺知到自己的苦痛。雖然正念呼吸與靜默確實會讓我們接觸到喜悅，但它們同樣會帶領我們接觸到苦痛（尤其在一開始的時候），因為我們會逐漸意識到自己過去一直在逃避的苦痛。

我們本能的傾向是逃避苦痛。但如果沒有任何苦痛，我們就無法完全發揮人的潛能。而當我們以正念的方式接近苦痛時，事實上苦痛已經大幅減輕了，它將會更容易被轉化。反之，如果我們持續逃避苦痛，把它推入內心最遠的角落，那只會使它永遠存在。

如果我們從不受苦，
便缺乏增長理解與慈悲的基礎或動力。
苦痛是非常重要的。
我們必須學習找出、甚至擁抱苦痛，

覺知苦痛有助於我們成長。

我們經常躲避靜默，以為這樣就能避開內在的痛苦；但事實上，在靜默之中，以覺知的方式回到內心的家，才是能幫助我們療癒苦痛的唯一良方。

認識苦痛

我大多數的教導旨在幫助人們學習認識苦痛，擁抱它，然後轉化它。這種練習是一種藝術。我們必須能夠心平氣和地對自己的苦痛微笑，如同對汙泥展露微笑，因為我們知道，唯有當我們擁有汙泥（並且知道如何善用汙泥），才能種出美麗的蓮花。

我們的心中可能殘留著一些苦痛的源頭，還有一些感情的傷口，在原來的創傷過後，讓我們持續隱隱作痛。但也有一些會令我們日益憔悴的小痛苦，法文稱之為

les petites misères。如果我們知道如何處理這些小痛苦，就不會成為日常煩人瑣事的受害者。當苦痛變成障礙時，無論是來自重大的感情創傷或令我們日益憔悴的小痛苦，我們都應該知道如何認出它，並且擁抱它。

我們感受到的苦痛可能傳承自我們的父親、母親或祖先們。當我們能夠認出它、擁抱它並轉化它時，我們不只是為了自己而這麼做，同時也是為了我們的父母與祖先們而做。

苦痛是無法逃避的，它無所不在。除了個人的苦痛與人類集體的苦痛，還有生存本質上的苦痛。自然的與非自然的災害每天都在全球各地發生——海嘯、野火、饑荒與戰爭等等。每天都有無辜的孩童因為缺乏乾淨的飲水、食物或醫藥而死亡。即使我們並未直接經歷這些事，但我們還是與這些苦痛相連。小嬰兒、老婦人、年輕男子或年輕女子，當他們死亡時，在某種意義上，我們也同樣在死亡。同時我們當然還活著，這意味著在某種意義上他們依然活著。這便是禪修。了解這個甚深實相可以幫助我們增長助人的意願，我們將會希望能夠以一種幫助別人也能存活的方式去過生活。

自洲自依*

當我們走進自己的家裡時，我們可以放鬆身心，放下頭髮，只做自己。我們感到溫暖、舒適、安全與滿足。家是消除不安和寂寞的地方。

但哪裡才是真正的家呢？

我們真正的家是佛陀所稱的自洲（the island of self），
也就是我們內在安穩的處所。
我們經常並未察覺它們的存在，
我們甚至不知道自己在哪裡，
因為我們的內外都充滿噪音。

*譯按：參見《雜阿含經》卷二十四：「阿難。當作自洲而自依。當作法洲而法依。當作不異洲不異依。」（CBETA T02, no. 99, p. 177, a6-7）

我們需要一些寂靜，才能找到那個自洲。

每當你感到不舒服、焦躁、悲傷、害怕或憂慮時，正是你利用正念呼吸返回正念之洲的時候。如果你經常修習正念，在你沒有遇到困難時也能夠返回自洲，那麼當你真正陷入麻煩時，將會更容易找到那個安全之處，重返家園。能夠認識正念法門是非常幸運的，請善用這個修習，增強你與你真正的家的連結。別等到被巨浪侵襲時才想要返回自洲。在平常時刻就可以保持正念過生活，盡可能地經常練習返回自洲。那麼當生活中無可避免的困難時刻真的來臨時，你便能輕鬆自如地返回那個安適的所在。

以正念行走、呼吸、坐著、吃飯與喝茶，這些都是你每天可以多次享受的具體的修習。你內心有顆正念的種子，那顆種子一直都在那裡。你的吸氣與吐氣也隨時可用。你自己內在便有個安全的洲島。藉由正念而皈依那個洲島，得到安全的庇護，是我們每天都要做的練習。

椰子和尚

越南有個人稱「椰子和尚」的僧侶，因為他喜歡爬上椰子樹，攀上一個架在樹上的平台，在那裡修習坐禪。在那上面確實也比較涼快。他年輕時曾到法國求學，後來成為一名工程師。但當他回到越南時，戰爭正四處肆虐。他不想再當工程師，而想出家如僧人般修行。他寫了一封讚頌一枝梅（Nhat Chi Mai）的書信；一枝梅是我的一位在家弟子，為了呼籲停止戰爭而犧牲自己。他說：「我像妳一樣在焚燒自己，唯一的差別，是我自焚的速度比較慢。」他要說的是，他把自己的生命也完全奉獻給和平運動。

椰子和尚做了許多宣導和平的事。有一次他在湄公河三角洲籌建了一座道場，並且邀請許多人和他一起修習坐禪。他在那個地區收集到了許多子彈與炸彈碎片，然後將它們熔鑄成一口大鐘，稱為正念之鐘。他把鐘懸掛在自己的道場，日夜邀請鐘聲。他還寫了一首詩：「親愛的子彈，親愛的炸彈，我助你們為了修行而相聚。在你們的前世，你們殺人且破壞環境。但在此世，你們則呼籲人們覺醒，覺悟人性、愛與了解。」他每天早晚都會邀請那口鐘發出聲響。鐘的存在本身就象徵了轉變的可能。

有一天他前往總統官邸希望傳遞和平的訊息，但守衛不讓他進去。當對談無效時，椰子和尚便不再多說。他直接打地鋪睡在官邸門外。他隨身帶了一個籠子，裡面有一隻老鼠與一隻貓，牠們已經學會做朋友。那隻貓並不會吃掉老鼠。一個守衛問他：「你在這裡的目的是什麼？」椰子和尚說：「我想讓總統知道，連貓和老鼠都能和平相處。」他希望大家問問自己：如果連貓與老鼠都能和平相處，為什麼人類不行呢？

椰子和尚花了許多時間獨處並保持靜默。他堅持的信念是，為國家創造一個更和平的環境；而為了達到這個目的，他必須保持清醒且不能分心。有些人可能認為他瘋了，但我不這麼想。我認為他是一個具有堅定信仰的和平行動主義者，他已經安穩地返回自己的洲島。

獨處

當人們聽到「自洲」一詞時，常會認為那表示他們必須獨自生活，與世隔絕。但這種修習，這種「獨處」，並不是指身邊不能有人。它只是表示你要安住當下，清楚覺知正在發生的一切事情。

用正念去覺知自身的一切事物、一切感受與一切感知，並且覺知周遭正在發生的一切事情。你一直與自己同在，並未失去與自己的連結。這是一種更加深刻的獨處生活。

修習獨處，即練習活在當下，而非陷入過去，或被未來帶走，最重要的是，不受到眾人的影響。你不必獨自前往森林深處。你可以與人同住，你可以去雜貨店，你也可以與人同行——但你依然享受寂靜與獨處。在今日社會中，我們周圍充滿令人眼花撩亂的事物，它們都想要吸引我們的注意與反應，內在的獨處是我們每個人必須學習的事。

每天花點時間一人獨處也很好。你可能會以為只有和別人在一起談笑時才會感到喜悅。但獨處時也一樣能夠感受到喜悅與快樂，其深刻程度更能夠讓你與人分享。如果你擁有在獨處中培養出來的深刻喜悅與快樂，那麼你就會有很多東西可以給予別人。少了獨處的能力，你會愈來愈空虛。當你自己沒有足夠的養分時，你就沒有太多東西可以給予他人。因此學習獨處是很重要的。

每天花些時間獨處，會讓你更容易滋養自己的身心，並深入觀察各種事物與感受。但這並不表示你無法在與人群共處時修習獨處並深入觀察。那也是可能的。即使你坐在市場中，你還是可能獨處，不會受到人群的影響。你依然是你自己，你仍然是自己的主人。同樣地，即使在熱烈的團體討論中，甚至帶有強烈的集體情緒，你還是可以做自己。你可以持續安穩地停靠在自己的洲島上。

這些是獨處的兩面，而且都很重要。一是獨自一人；二是即使在團體中也能做自己，保持中立。因為你能自在地獨處，所以你才能與世界緊密交流。因為我完全是我自己，所以我才能與你緊密連結。道理其實很簡單：想與世界連結，你必須先找回自己，與自己連結。

擺脫習氣的束縛

每個人內在都有習氣的障礙。習氣是會造成我們重複同樣行為的無意識能量。習氣推促我們不斷奔跑，要我們不停地做些什麼，讓我們迷失在過去或未來的思慮中，以及為了自己的苦痛而責怪別人。它阻撓我們，使我們無法在當下得到平靜與快樂。

習氣經由歷代先人傳到了我們身上，而我們繼續增強它。我們其實夠聰明，知道如果做了某件事，或者說出什麼批評，就會損害我們與他人的關係。我們雖然不想這麼做，但當我們覺得緊張不安時，就會明知故犯。為什麼呢？因為習氣的力量強過我們。習氣隨時在逼迫著我們。因此修習正念的目標，便是讓我們擺脫習氣的束縛。

我記得有一次，我和一位朋友坐在印度的公車上，要去拜訪多個賤民（Dalit）社區。我們一起遊歷了許多印度城市，進行了好幾天的正念練習、公開演說與禪修。公車窗外的風景很美麗，有棕櫚樹、寺廟、水牛與稻田。我正愉悅地觀看這一切，但我的朋友似乎很緊張，他顯然不像我一樣享受當下這一切。他內心正在掙扎著。於是我說：「親愛的朋友，你現在沒有什麼好擔心的。我知道你想要讓我的旅程更愉悅，讓我感到快樂。但我現在就很快樂，所以你放心吧。坐好，微笑。這片風景很美麗。」

他回答說：「好！」他看起來確實也比較放鬆地坐在自己的座位上了。但過了幾分鐘，當我再度看向他時，他又像先前一樣緊張。他還是在擔心發愁，並且坐立不安。他無法放下掙扎，那個掙扎已經進行了幾千年之久。他無法安住當下，深刻體會那一刻的生命，而那正是我的修行，過去現在皆然。你瞧，他已經無法回到自己。他有家庭，住在美麗的公寓裡，並且有一份好工作，但他還是帶著所有的習氣，也就是過去幾千年來他所有祖先的苦痛。他白天、晚上、甚至夢中都在掙扎。他無法真的放下與放鬆。

我們的祖先可能比他的祖先幸運一些，但許多人還是一樣煩惱與不安。我們不讓自己放鬆，活在當下。我們為什麼一定要不停奔跑，即便在準備早餐、吃午餐、走路或坐著時也一樣匆匆忙忙呢？有個東西不停地催促我們。我們到底要跑去哪裡呢？

佛陀對此說得很清楚。他說：「別為過去感到苦惱，因為過去已經消逝。也無須擔心未來的事，因為未來尚未發生。你生活的時刻只有一個，即是現在。回到現在，深刻地活出此刻，你便能解脫煩惱。」

解開兩個結

我們每個人身上都有兩種結。第一種是由我們的思想觀念與知識概念構成的。每個人都有思想和觀念，當我們執著於它們時，便得不到自由，沒有機會接觸到生命的實相。第二種結是我們的煩惱與習氣，諸如恐懼、憤怒、分別、絕望與憍慢等等。我們一定要斷除它們，才能得到解脫。

這兩種結深印在我們的頭腦與意識中，束縛著我們，促使我們去做我們不想做的事，讓我們說出我們不想說的話。因此我們才會不自由。任何時候，只要我們不是出於自己的真實意願去行動，而是根據習慣性的恐懼或根深柢固的思想去行動，我們便是不自由的。

當你閱讀這本書，或者當你在修行時，你並不是為了得到什麼思想與觀念。事實上，你是為了放開思想和觀念。別只是用一套較新的思想觀念來取代舊的思想觀念。停止不斷追逐快樂的理論，或用一個觀念來交換另一個。

我們都有各種僵固的行為模式與習氣。每一天，我們都讓這些看不到的能量主宰我們的生活。我們在這些心理傾向的影響下行動與反應。但我們的心智原本是柔軟的，如神經科學家所說，我們的頭腦具有可塑性。我們可以改變它們。

能停下來並覺知當下，
是快樂定義的一部分。
快樂不可能是在未來。
這非關信仰，而是體驗。

當我們停下身體的動作時，心裡的叨念似乎變得更大聲了。而當我們停止心裡的叨念，停止習慣性的認知焦慮時，便會生起一種開闊的感受，讓我們有機會以一種全新且滿足的方式，活出自己的生命。

少了靜默的空間，便不可能有快樂。這樣的認知是從直接的觀察與經驗而來，不需要神經科學家的儀器告訴我。當我看見某個人走過去時，我通常就可以分辨他是否快樂，是否安穩，是否有愛心。若無靜默，我們便不可能活在當下，而這一刻正是我們得到快樂的最佳時機。

央掘摩羅

在佛陀的時代，有個人叫做央掘摩羅（Angulimala，意為指鬘）。他是個惡名昭彰的殺人凶手，他內心非常痛苦且充滿仇恨。

有一天他進入一個城裡，所有人都驚駭不已。當時佛陀與他的僧團正好在附近停留，於是佛陀也進入同一個城裡托缽。這時有個居民趕緊懇求他：「親愛的老師，在街上行走很危險！請進入我的屋裡，讓我供養你食物，因為央掘摩羅正在城裡。」

佛陀說：「沒關係。我的修行是在外行走，拜訪許多家戶。我在這裡不只是尋找日常食物，也要接觸人們，給他們在感動時有布施的機會，並且教導他們佛法。」因此佛陀並未答應信徒的焦慮請求。他有足夠的平靜、心力與勇氣可以繼續他的修行。此外，在他出家之前，他便是個絕佳的武士。

佛陀平靜且專注地拿著他的缽，正念行走著，享受每一個腳步。在他托缽結束，正要穿越森林之際，突然聽到後面有人在追逐奔跑的聲音。他明白那是央掘摩羅。而這是央掘摩羅第一次看到一個不害怕他的人，其他人只要看到央掘摩羅接近，就會趕快逃跑，除了那些嚇得動彈不得的不幸者。

但佛陀不一樣，他逕自往前走，絲毫不受打擾。央掘摩羅看到有人完全不怕他，益加憤怒。佛陀保持正念，他很清楚當下的情況。他的脈搏穩定，腎上腺素也沒有激增。他並不是在權衡應該戰鬥或逃跑，而是真的非常鎮定。他處變不驚，展現良好的修行風範！

央掘摩羅追了上來，大喊：「比丘，比丘！停下來！」但佛陀持續安詳、平靜且莊嚴地走著。他是安穩與無懼的化身。央掘摩羅跑到佛陀身邊說：「比丘，你為什麼不停下來呢？我叫你停止！」

佛陀繼續往前走，並說：「央掘摩羅，我早就停止了，還沒停止的人是你。」

央掘摩羅楞住了。「你這話是什麼意思？你明明還在走路，為什麼說你早已停止？」

接著佛陀告訴央掘摩羅真正停止的意思。佛陀說：「千萬不可執迷不悟。你知道你正給自己及其他許多人帶來很多的痛苦。你必須學習如何去愛。」

「愛？你是在對我說愛嗎？人類非常殘酷，我恨所有的人，我要殺光他們。愛並不存在。」

佛陀溫柔地說：「央掘摩羅，我知道你非常痛苦，你內心充滿了憤怒與仇恨。但如果你環顧四周，你會看到親切仁慈的人。你見過我僧團裡的僧尼嗎？你見過我的在家弟子嗎？他們都非常慈悲、非常平和，沒有人會否認此事的。你不可以自欺欺人地說愛不存在，或沒有能愛之人。央掘摩羅，停止。」

央掘摩羅回答說：「太遲了，我現在已經停不下來了。即使我想停，人們也不會答應。他們會毫不遲疑地殺死我。如果我想活命，我就永遠不能停下來。」

佛陀說：「親愛的朋友，永遠不會太遲。現在就停止。我會如朋友般幫助你，我的僧伽也會保護你。」聽到這番話，央掘摩羅立即丟下劍，跪下，請求加入僧伽，佛陀的僧團。後來他成為僧團中最精進的行者。他徹底改變，成為一位溫柔十足的人，非暴力的化身。

如果央掘摩羅可以停止，那麼我們所有人都能做得到。我們沒有人會比這個殺人凶手更匆忙、更焦躁與更瘋狂。如果不停止，我們就找不到靜默的安穩。跑得愈快，把自己逼得愈緊，永遠也得不到安穩。除了**這裡**，我們無法在別處找到安穩。當我們真正停止的那一刻，也就是停止身體的動作與內在的噪音，我們便能找到療癒的寂止。寂止並非失去或空虛。我們給寂止與靜默愈多空間，我們就有愈多的東西可以給予自己與他人。

練習：作自洲而自依

當佛陀罹患重病時，他知道許多弟子在他死後會感到很失落，因此他教導他們不要依賴外在的任何事物，而是要自洲自依。當你修習入出息念並生起正念時，你驀然回首，便會發現你內在的老師正在為你指出自己的洲島。

你的洲島上有各種鳥類、樹木與河流，就像在陸地上一樣。內在與外在最終沒有實際的分界。如果你不在**那裡**，如果你不是站在自洲上的真正的自己，那麼你便不可能與外在世界有真正的接觸。若你深刻地接觸內在，你也會接觸到外在。反之亦然。唯有當你擁有足夠的正念與定力，真實的接觸才可能發生。回到自己的洲島，意味著首先要生起正念與定。

在梅村，我們有一首歌名為〈自己的洲島〉。也許你可以在靜坐或正念行走時，以它來引導禪修。

吸氣，
我回到自己內在的洲島。

島內有美麗的樹木。
那有清澈的溪水、小鳥、陽光，
以及清新的空氣。

吐氣，
我感到安全。
我喜歡回到自己的洲島。

七

建立連結

Cultivating connection

信靠自己的正念呼吸，回到當下，
便是皈依我們每個人內在都有的
美麗安詳的洲島。

人類歷史上從未出現過像我們現在所擁有的如此多樣的溝通管道，包括手機、簡訊、電子郵件、線上社群媒體等等，但我們彼此之間的距離卻也是空前的遙遠。不論是家人之間、社會成員之間，以及國家與國家之間，真正的溝通顯然都愈來愈少了。

以文明程度而言，我們聆聽與說話的技巧顯然都有待加強。我們不知道如何真正地聆聽彼此。對我們多數人來說，以開放誠懇的態度去表達自己或聆聽別人的能力，實在少得可憐。當我們無法溝通時，能量就會堵在裡面，讓我們生病；而隨著病情加劇，我們會感到痛苦，然後再將痛苦傳給別人。

如果我們希望與別人產生更多的連結，我們並不需要傳更多的簡訊，只需要更多的聆聽就已足夠。諦聽會帶來了解，而了解會產生更多的連結。但諦聽並非一味努力地去聽，而是應該從靜默出發——也就是說，從關掉我們內在的「不停思考電台」開始。

透過正念保持連結

我們都渴望與別人產生連結，許多人想要透過電話或電子郵件來得到連結。當某個人傳給我們一封簡訊或電子郵件時，我們就會產生神經化學的甜蜜感受，而當我們的手機不在身邊時，我們則會感到焦慮。

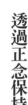

我沒有電話，但我與朋友或學生之間並沒有疏離的感覺。我經常想到他們。我會用真正的筆在真正的紙張上寫信給他們。那得花些時間，有時是幾天或一個禮拜，我才能寫一頁的信給一個朋友。但我有許多的時間可以去想念那個朋友！也有些朋友會來拜訪我。我們不常以電話連絡，但當我們在一起時，彼此都很珍惜那段共享的時間。我看著他們並仔細聆聽他們；他們的話很寶貴，因為我會有一陣子不能再聽到他們。

你有那種不需言語的朋友嗎？對我來說，那是最密切的友誼：心靈之友。那是非常難得的。一個心靈善友（即善知識）在某種意義上是你的老師。一個真正的老師，是心靈自在者，完全不害怕寂靜。他並不需要被**稱為**老師，而且他可能比你年輕。如果在你的生命中能有一位心靈善友，你就很幸運了。據說能遇到一個心靈善友，就像優曇缽羅（udumbara）花開一樣稀罕，每三千年才一次。（優曇缽羅花的植物學名為 **Ficus glomerata**，這種植物屬於無花果樹科。）

當我們遇到心靈善友時，必須知道如何向對方學習請益。那個人會有覺悟知見、喜樂與解脫，我們可以在灌溉自己的覺悟知見與解脫的種子時，皈依對方以尋求濟助。我們會發現，到頭來我們不需要太多情感或物質的慰藉。我們不需要心靈善友稱讚我們或每天打電話給我們，我們不需要從那位朋友身上得到名牌禮物或任何特殊待遇。

我們也必須善用自己的時間。如果我們把時間浪費在瑣碎的期待上，就無法從心靈善友的真才實學上獲益。我們可以藉由觀察他們如何應對不同的情況，學習到寶貴的智慧。我們可以親身體驗他們所擁有的覺悟知見。我們不需要整天坐在他們旁邊，或設法讓他們認識我們，並且特別注意我們。我們可以靜靜地欣賞他們的風範，完全不需要他們為我們做任何事或給我們任何東西。

心靈善友可能是任何人。他也許不是你期望中的人。但當你找到一個這樣的朋友，那可是人生的一大樂事。

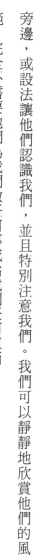

培養愛的默契

如果你與某個人同住，彼此可能會培養出心照不宣的默契，但如果你不注意，可能會視之為理所當然。《小王子》（*The Little Prince*）一書的作者安東尼．聖修伯里（Antoine de Saint-Exupéry）寫道：「愛不在於彼此凝視，而是在於一同眺望遠方。」我不認為坐在房間裡一起盯著電視看，是他所要表達的意思！

也許我們一起盯著電視看，是因為彼此凝視已經不像從前那樣令人歡喜。當我們初次相遇時，我們認為自己的愛人是可人的，是我們生命中的天使，我們還會說：「沒有你我就活不下去。」當時我們聽到彼此的聲音就像聽到悅耳的鳥鳴，與對方約會便宛如雨過天晴般舒坦。但如今看到或聽到彼此，已經不再有喜悅的感覺了。也許是因為我們有過太多爭吵，以致於不知道如何和解，再次找到快樂。如果我們繼續看著電視而不設法修復關係，那麼兩人的關係只會隨著歲月消逝而每況愈下。

有一次一位女士為了法文版的《她》（*Elle*）雜誌前來採訪梅村裡新村（New Hamlet）的尼師。有一天，當這位記者正在和她們談話時，我剛好路過去探視，於是她趁機也採訪了我。她希望我談談禪修與正念。但我靈機一動，提供了不同以往的練習。以下是我給雜誌讀者的建議：

今夜晚餐後，當妳先生打開電視時，請妳練習深深地呼吸，安定自己的身心，然後微笑對他說：「親愛的，你可以關掉電視嗎？我有些事情想和你討論。」以愛語，委婉地向他表達。他可能會有點不高興，預期妳要吵架或找碴。

在他關掉電視之後，妳要繼續保持微笑，並說：「親愛的，我們為什麼不像新婚般快樂呢？我們似乎擁有了一切。我們都有不錯的收入，有美麗的房子與足夠的存款。那麼我們為什麼會不快樂呢？我們能花個幾分鐘的時間來想想這件事嗎？我們一開始很要好，有幸福的感覺。我們能好好談談，找出快樂消逝的原因，並尋求改善之道嗎？」

這就是禪修。真正的禪修。面對問題時，通常我們只會責怪對方，但無論在任何關係中，**雙方**都要為經歷過的事共同負責，因為或許雙方都不知道如何滋養愛與快樂。大多數的人不知道如何消除痛苦，或幫助別人消除痛苦。因此我告訴《她》雜誌的讀者，為了達成有效且良好的交流，妳必須準備好像這樣說：「我錯了。我的某些想法、話語與行為，已經破壞了我們的幸福，損害我們的親密關係。」

當我們發現自己在關係中掙扎時，必須先回頭檢視自己。如果我們能找出是自己的思想、話語或行為偏差才損及這段關係，那麼我們就應該向對方道歉。我們可以誠心誠意、正念分明地表達渴望重新開始的意願。

我所建議的這個方法，可以應用在所有的家庭。就從關掉電視，分享自己的心聲開始。使用愛的語言，一起檢視目前的情況。你必須從自己開始，練習這樣的對話。

當雙方都在受苦時，兩人一同眺望遠方，不應該是朝著電視的方向，而是應該朝著和好的方向看。我們都必須練習滋養自己的愛心，幫助彼此走出困境，消除存在於彼此之間的苦難，也包括朋友之間的苦難，以及世間上的所有苦難。我們周遭不乏受苦者，我們應該伸出援手。這是有可能做到的事。每當我們幫助別人減輕痛苦時，我們的快樂就會增長。

在梅村的禪修中，總有幾對參加的夫妻正面臨分手的危機，報名參加禪修是他們最後的避難所。而每次活動結束五到七天後，總有一些夫妻能夠重修舊好，因為禪修增加了所有人的幸福感。

你和你的伴侶彼此相愛，你們可以用各種鼓舞人心的理想、思考與行動，幫助對方減輕痛苦。一旦你們知道如何增加彼此的快樂與消除痛苦，你們就能以這樣的方式幫助別人。這才是一同眺望遠方。這麼做能夠鞏固並提升你們的幸福感。

寂靜的樂音

在音樂裡有所謂的「休止符」，意指完全沒有聲音。如果那些靜止的空間不存在，就會一團亂。缺少靜默的時刻，音樂會變得混亂且具有壓迫感。當我們可以和朋友不說一句話就只是靜靜地坐著時，那就如同音樂有了休止符般的寶貴與重要。朋友之間能夠共享靜默，甚至勝過說話。

鄭公山（Trinh Cong Son）是大眾喜愛的流行歌曲創作者，出生於一九三九年。他被稱為「越南的巴布．迪倫」（Bob Dylan）。據說他於二〇〇一年去世時，有數十萬人參與一場自發性的追悼音樂會，那是越南歷史上繼胡志明（Ho Chi Minh）的送葬隊伍後，最盛大的事件。

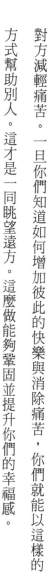

鄭公山很受不了噪音，即使是稱讚與鼓掌的叫好聲。他很珍惜靜默的時刻。他寫道：「有些朋友的存在就像音樂裡的休止符，給人一種輕鬆、自在與幸福的感覺。你無須做無謂而瑣碎的談話。你會感到自在舒適。」鄭公山熱愛與朋友默默相聚的時光，他們不用做任何事，甚至也不用說任何話，只是單純享受友誼的滋養。我們都需要這樣的友誼。

在梅村，我們很喜歡坐禪，尤其是團體共修，那種感覺就如同心靈上的親人般。我們在坐禪期間禁語，但許多人覺得和三、四個人或更多人一起打坐，比單獨打坐更令人喜悅。像這樣一起靜坐，每個人都能夠感受到彼此存在的滋養。

越南傳統古樂的經典名曲〈琵琶行〉，訴說一個彈奏琵琶的女子的故事。在某個節拍，它會停下來。歌曲唱道：「Thu thoi vo thanh thang huu thanh.」Thu thoi 意即「此時」，vo thanh 即「無聲」，thang 即「勝」，huu thanh 即「有聲」。歌詞是說在琵琶演奏者停止的那個時刻，「無聲勝有聲」，靜默勝過出聲。音符之間的那個靜默的空間極為強大，充滿意義。它比任何聲音更具說服力。無聲會比聲音更令人喜悅且印象深刻。鄭公山也感受到同樣的東西。

我的一個美國弟子也與我分享了美國知名薩克斯風演奏家大衛・山朋（David Sanborn）的類似談話。講到同為薩克斯風演奏家的漢克・克勞福（Hank Crawford）與著名的小號作曲家邁爾士・戴維斯（Miles Davis），山朋說：「漢克了解停頓的空間如演奏的聲音般重要……然後當我聽到邁爾士・戴維斯時，他的簡單與利用空間填滿空間的作法……讓我心醉神迷。」

阿難與溝通的律動

人際關係與溝通也是一種音樂。和朋友坐在一起時，你們無須說任何話語。如果你們對彼此都了然於心，也能夠感受到彼此的真實存在，那就足夠了。我確信在越戰期間的那段悲慘歲月裡，鄭公山最大慰藉的就是和朋友在一起的安靜時刻。但如果一個人不知道如何像那樣靜靜地坐著，只知道頻頻斟酒，那麼他永遠無法擁有寂靜的空間。

有一次佛陀待在印度祇園精舍裡，當時有兩百位常住比丘正在準備每年一度的雨安居（即夏安居或結夏），另外有三百多位比丘從憍賞彌（Kosambi）抵達。比丘們都因久別重逢而興高采烈地交談。聽到房裡傳來的噪音，佛陀問他的大弟子舍利弗：「為何如此喧鬧？」

舍利弗回答：「有些弟兄從憍賞彌過來，正在大聲寒暄慶祝重聚，因而失去威儀，請原諒他們。」

佛陀說：「如果他們繼續如此喧鬧，那麼他們得去別處，不能待在這裡。」佛陀希望教導這些比丘將精力用在更清淨如法的道行上。

於是舍利弗將佛陀的話轉告給這些比丘。比丘們安靜下來，移往別處度過他們的雨安居。在整個九十天的禪修中，比丘們謹記佛陀不放逸於閒談中的教誨，全神貫注地修持正念與禪定，並在閉關禪修結束前有了大幅轉變。他們並不是變沉重、嚴肅與陰鬱，事實上他們臉上變得更有光彩且笑容洋溢。

安居結束時，這些比丘希望回去感謝佛陀的指正。舍利弗聽聞這個消息，便告訴佛陀：「親愛的老師，比丘們已經結束安居，並且希望能來向您表示敬意。」佛陀答應了，並合掌歡迎他們。

那時大約晚上七點左右。從憍賞彌前來的三百多位比丘，加上兩百位常住比丘，與佛陀一起坐在大禪堂裡。從七點到午夜，老師與弟子們安靜地坐在一起，沒說任何一句話。

佛陀的侍者阿難問佛陀說：「親愛的尊師，已經午夜了，您有什麼話要對比丘們說嗎？」佛陀沒答話。他們就這樣繼續坐到凌晨三點，只是坐在一起，什麼話也沒說。侍者阿難有點困惑，因此他再度問佛陀：「已經三點了，您有什麼話要對這些比丘說嗎？」但佛陀仍然只是安靜地坐著。

到了清晨五點，阿難又走進來並堅持說：「親愛的尊師，太陽已經出來了，您要對比丘們說什麼話嗎？」

佛陀終於開口說：「你到底想要我說什麼？老師與弟子們，像這樣祥和快樂地坐在一起，難道還不夠嗎？」

只要能看見並欣賞彼此的存在，就是很大的快樂了。雖然全程悄然無聲，但其價值遠勝過任何聲音。

靜默共處

在日常生活中，我們許多人整天都在與別人互動。而藉由正念，我們隨時都能進入內在的獨處。如我先前所說，獨處並非是指在森林深處的茅篷獨居，脫離文明世界。那是一種心靈潛修的方式。

真正的獨處來自穩定的心，
它不會受到群眾的影響，
也不會受制於過去的悲傷，

或對未來的憂慮，
或現在的刺激與緊張。

我們不會迷失自己，不會失去正念。信靠自己的正念呼吸，回到當下，便是皈依我們每個人內在都有的美麗洲島。

我們可以愉悅地與他人共處，不會迷失在情緒中，不會偏執己見，甚至還可以將別人視為自己的支持力量。當我們看見某個人以正念行動，說愛的語言，並樂在工作時，這個人就是提醒我們返回自己的正念源頭。當我們看見某個人分心放逸時，也可以將他視為正念的警鐘，提醒我們要努力活在當下，並將我們的真實存在獻給自己與他人，也許別人會注意到我們的存在而受到鼓舞，並因此找回他們自己。

當我們享受著與他人共處的時光，不會在互動中感到失落時，那麼無論我們身在何處，都可以平靜地微笑與呼吸，滿足地安住在自己的洲島上。

有個支持我們規律修行的團體是很重要的。如果我們有機會與別人一起打坐，並讓集體的正念能量擁抱我們的苦痛，那麼我們就像流入大河中的一滴水，我們會感到輕鬆自在。

我們能給彼此最寶貴的東西，
是我們的存在，
它會促成正念與和平的集體能量。
我們可以為那些不能坐的人而坐，
為那些不能行的人而行，
為沒有寂止或平靜的人，
創造我們內在的寂止與平靜。

在這樣的氣氛下，也許我們完全不必做任何事，便能鬆脫並解開心裡的各種結。伴隨著每一個覺悟的腳步，以及每一個覺悟的呼吸，療癒自己與療癒世界將是可能的。

培養集體的習慣

集體意識可以是有毒的食物，也可以是健康的食物。思想、話語與行動的集體習慣，同樣可以是健康的，也可以是有害的。不論是同事、家人或朋友，如果我們一起許諾，在接聽電話之前先做正念呼吸，在聽到鐘聲、電話鈴聲、時鐘報時聲、警報聲或飛機飛過頭頂的聲音時，要停下來聆聽，這樣的行動就會變成有益的集體習慣。

集體習慣可以變得很強大。我們可以支持彼此停止過去不健康的習慣，朝更好的方向發展。我們可以一起停止思考，專注於我們的呼吸。我們可以支持彼此，吸氣時專注於入息，吐氣時專注於出息。這是很簡單的事，但效果很好。如果每個人都能暫時停止思考，一起修習正念呼吸，自然地我們將不再是孤立的個體，而是一個喜悅的共同體。我們不是由個體拼湊而成的組合，而是一個完整的團體，一個超級有機體。它所產生的新能量將比我們獨自修習正念呼吸或正念行走時更加強大。

當我們放鬆自己的身體，讓正念與定的集體能量進入時，療癒將會更容易發生。當我們遭遇挫折時，開放自己的身心，讓正念與定的集體能量進入，將可以帶來很好的療癒效果。

滋養他人

我們可以學習如何產生強大且療癒的靜默力量，不只在自己的家庭或在地的修行社團，還擴延到更大的團體。如果你是學校老師，你應該知道如何在你的班級滋養那種聖默然。如果你是商業或社區領導人，你可以提議讓每次會議或每個工作日，都是從這種靜默開始。

一九七七年我在印度時，曾拜訪印度的國會議長，我建議他將聆聽鐘聲、呼吸及微笑的修習方法引入立法會議。我建議在每次會議時，都從正念呼吸與聆聽鐘聲開始。我還提議在每次會議討論變得激烈，人們無法再聆聽彼此時，可以發出鐘響，讓所有與會者都停止說話，練習正念呼吸，以便讓自己平靜下來，接著才繼續進行討論。十天之後，他成立一個倫理委員會，監督國會中的這種文明做法。

如果我們能在各種日常活動中，為這種靜默開拓短暫的空間，我們便為自己開啟了通往究竟解脫的道路。我們不再只是爭名逐利，妄想這些東西會讓我們快樂。我們**現在**就可以很快樂。我們當下就能擁有平靜與喜悅。即使我們一輩子都過得很不安穩，只剩下兩分鐘就要死去，我們還是可以在那個短暫的時間裡停止思考，修習正念呼吸，得到寂止與平靜。但為什麼我們非要等到臨死前才想要活在當下，珍惜活著的奇蹟呢？

練習：只管打坐

有時人們會說：「別只是坐在那裡，做點事吧！」他們鼓勵行動。但正念修習者常常喜歡說：「別只顧著做事，坐下來吧！」事實上，不行動也是行動。有些人看似做得不多，但他們的存在對世人的福祉卻有重要意義。他們的存在對別人以及對生命都是真正有用的。對他們來說，不行動便是在行動。

你有時或許會發現自己很想坐著什麼事也不做，但當機會出現時，你卻不知道如何享受它。這主要是因為我們的社會是非常目標取向的。我們習慣要朝著某個方向前進，心裡總是抱著特定的目標。反之，佛教重視「無作」（aimlessness）的教導。這個教導說，你不必設立目標並追逐它，因為你內心早已具足一切。打坐的道理也一樣。別為了什麼目的而坐。坐禪的每個時刻都能讓你重回生命。無論你在做什麼，澆花、刷牙或洗盤子都可以，看看你能否以「無作」的方式去做。

許下願望或設立目標都沒問題。
但我們不應該讓它成為，
阻止我們快樂地活在當下的障礙。

靜默無念地打坐是絕佳的無作行。你可以練習心無所求的引導禪修。以下是幫助你增長自發、清新、安穩、清明與開闊覺受的禪修方法。

吸氣，我知道自己正在吸氣。
吐氣，我知道自己正在吐氣。
（**吸。吐。**）

吸氣，我視自己為一朵花。
吐氣，我感到清新。
（**花。清新。**）

吸氣，我視自己為一座山。
吐氣，我感到安穩。
（山。安穩。）

吸氣，我視自己為止水。
吐氣，我如實地觀照事物。
（**水。觀照。**）

吸氣，我視自己為虛空。
吐氣，我感到自由。
（**虛空。自由。**）

心得筆記

心得筆記

心得筆記

心得筆記

你是解脱的；你得到自由。
藉由這種自由，藉由這種解脱，
療癒變得可能。生命變得可能。喜悅變得可能。

國家圖書館出版品預行編目資料

不思量的藝術：一行禪師教你以靜的力量安度紛擾與不安
一行禪師 Thich Nhat Hanh 著　賴隆彥 譯
初版. -- 臺北市：商周出版：家庭傳媒城邦分公司發行

2015.9　面；　公分

譯自：Silence: The Power of Quiet in a World Full of Noise

ISBN 978-986-272-857-4(平裝))

1.佛教修持　2.生活指導

225.87　　104013491

不思量的藝術：一行禪師教你以靜的力量安度紛擾與不安

原著書名／Silence: The Power of Quiet in a World Full of Noise
作　　者／一行禪師 Thich Nhat Hanh
譯　　者／賴隆彥
責任編輯／陳玳妮

版　　權／林心紅
行銷業務／李衍逸、黃崇華
總 編 輯／楊如玉
總 經 理／彭之琬
發 行 人／何飛鵬
法律顧問／台英國際商務法律事務所 羅明通律師
出　　版／商周出版
台北市104民生東路二段141號9樓
電話：(02) 25007008　傳眞：(02)25007759
E-mail：bwp.service@cite.com.tw
Blog：http://bwp25007008.pixnet.net/blog
發　　行／英屬蓋曼群島商家庭傳媒股份有限公司城邦分公司
台北市中山區民生東路二段141號2樓
書虫客服服務專線：(02)25007718；(02)25007719
服務時間：週一至週五上午09:30-12:00；下午13:30-17:00
24小時傳眞專線：(02)25001990；(02)25001991
劃撥帳號：19863813；戶名：書虫股份有限公司
讀者服務信箱：service@readingclub.com.tw
城邦讀書花園：www.cite.com.tw
香港發行所／城邦（香港）出版集團有限公司
香港灣仔駱克道193號東超商業中心1樓
E-mail：hkcite@biznetvigator.com
電話：(852) 25086231 傳眞：(852) 25789337
馬新發行所／城邦（馬新）出版集團【Cite (M) Sdn. Bhd.】
41, Jalan Radin Anum, Bandar Baru Sri Petaling,
57000 Kuala Lumpur, Malaysia.
Tel: (603) 90578822　Fax: (603) 90576622
Email: cite@cite.com.my

封面設計／黃聖文
排　　版／極翔企業有限公司
印　　刷／卡樂彩色製版印刷有限公司
總 經 銷／高見文化行銷股份有限公司
電話：(02)26689005　傳眞：(02)26689790　客服專線：0800-055-365

■2015年9月1日初版
■2023年9月7日初版6.5刷
定價260元

Printed in Taiwan

商周出版

廣　告　回　函
北區郵政管理登記證
北臺字第000791號
郵資已付，免貼郵票

104　台北市民生東路二段141號2樓

英屬蓋曼群島商家庭傳媒股份有限公司城邦分公司　收

請沿虛線對摺，謝謝！

商周出版

書號：BX1066　　書名：不思量的藝術　　編碼：

請於此處用膠水黏貼

商周出版

讀者回函卡

感謝您購買我們出版的書籍！請費心填寫此回函卡，我們將不定期寄上城邦集團最新的出版訊息。

不定期好禮相贈！
立即加入：商周出版
Facebook 粉絲團

姓名：＿＿＿＿＿＿＿＿＿＿ 性別：☐男 ☐女

生日：西元＿＿＿＿年＿＿＿＿月＿＿＿＿日

地址：＿＿＿＿＿＿＿＿＿＿

聯絡電話：＿＿＿＿＿＿＿＿ 傳真：＿＿＿＿＿＿＿＿

E-mail ：

學歷：☐ 1. 小學 ☐ 2. 國中 ☐ 3. 高中 ☐ 4. 大學 ☐ 5. 研究所以上

職業：☐ 1. 學生 ☐ 2. 軍公教 ☐ 3. 服務 ☐ 4. 金融 ☐ 5. 製造 ☐ 6. 資訊
☐ 7. 傳播 ☐ 8. 自由業 ☐ 9. 農漁牧 ☐ 10. 家管 ☐ 11. 退休
☐ 12. 其他＿＿＿＿＿＿＿＿

您從何種方式得知本書消息？

☐ 1. 書店 ☐ 2. 網路 ☐ 3. 報紙 ☐ 4. 雜誌 ☐ 5. 廣播 ☐ 6. 電視
☐ 7. 親友推薦 ☐ 8. 其他＿＿＿＿＿＿＿＿

您通常以何種方式購書？

☐ 1. 書店 ☐ 2. 網路 ☐ 3. 傳真訂購 ☐ 4. 郵局劃撥 ☐ 5. 其他＿＿＿＿

您喜歡閱讀那些類別的書籍？

☐ 1. 財經商業 ☐ 2. 自然科學 ☐ 3. 歷史 ☐ 4. 法律 ☐ 5. 文學
☐ 6. 休閒旅遊 ☐ 7. 小說 ☐ 8. 人物傳記 ☐ 9. 生活、勵志 ☐ 10. 其他

對我們的建議：＿＿＿＿＿＿＿＿＿＿

請於此處用膠水黏貼